La Pierre et le Graal,
une expérience
de quête initiatique

Ouvrages de l'auteur.

Travaux de sociologie.

Travail d'équipe et Imaginaire, éd. documents du CERSE, Université de Caen, 1990.

L'Imaginaire du temps, **Teraèdre** (direction), in Herméneutiques sociales (1998).

L'imaginaire social à la dérive, (direction) in Esprit Critique. Vol N° 2, (printemps 2003).

Développement local et intervention sociale, (dir), L'Harmattan, (2003).

Pour une lecture renouvelée de l'intervention sociale: légitimité, assistanat et politique, (direction) in Esprit Critique, Vol. 06, No.04 – Automne 2004.

Wilhelm Reich, un imaginaire de la pulsation (2004). Presses Universitaires de Laval, Québec.

Travaux d'anthropologie culturelle.

Guide des Chevaliers de la Table Ronde en Normandie, éd. Corlet, 1991.

Promenades littéraires avec Lancelot du Lac, en collaboration avec Claude et Léon Gaignebet et MV le Bossé, (illustré) éd. Corlet, 1992.

Rites et Sabbats en Normandie, éd. Corlet, 1992.

L'Imaginaire de l'âme (direction), in Cahiers de l'Imaginaire, L'Harmattan, (dir). 1993.

Possessions 1et 2 in *Galaxie anthropologique* N°s 2 à 5, printemps et été 1993. (en co direction avec JM Brohm).

La Quête du Saint Graal et l'Imaginaire, essai d'anthropologie de l'Imaginaire arthurien, Corlet. Préface de Gilbert Durand. 1997. 253p.

Pentecôte, de l'intime au social, (direction). Siloë, 1998, 457p.

Le Monde celte **in dictionnaire critique de l'ésotérisme,** PUF (dir de la section celte). 1998.

Graal et Pentecôte, **Teraèdre** (direction), in Herméneutiques sociales (1999).

Apparitions, disparitions, **Desclée de Brouwer** (direction). Préface de Gilbert Durand. (1999).

L'Imaginaire de l'eau, **Teraèdre** (dir), in Herméneutiques sociales (2000).

Druides, les maîtres du temps, Dervy (2003) avec Paul Verdier.

L'imaginaire des Chevaliers de la Table Ronde, (direction) in Herméneutiques sociales éd. CENA, 2003.

Apparitions et fantômes, (direction) Corlet, 2004.

Georges Bertin

*La Pierre et le Graal,
une expérience
de quête initiatique*

ÉDITIONS VÉGA
19, rue Saint-Séverin
75005 Paris

© Éditions Véga, 2006

www.tredaniel-courrier.com
info@guytredaniel.fr

Tous droits de reproduction, traduction ou adaptation,
réservés pour tous pays.

ISBN : 2-85829-442-9

À tous ceux qui m'ont mis sur la voie.

*À René, Lucien, Jean Charles,
Roger et Gilbert, aujourdhui disparus,
À Jacques, mon maître à l'Université,
À mes compagnons d'aventure,
sur les chemins de la Quête,
Aux miens.*

« *Le Graal est polymorphe, chacun porte en soi son Graal tel qu'il l'imagine et le cultive* ». Jean-Charles Payen, 1981.

Livre 1 : L'EXPÉRIENCE DU GRAAL

Un calice inscrit en creux sur une pierre tombale mérovingienne au détour d'un chemin forestier aux marches de l'ancien Maine, un calice gravé près d'un trèfle, en un lieu, maintenant désert, naguère fréquenté par riches et manants, par têtes couronnées et ermites, fut, à l'âge de dix-sept ans, ma première expérience du Graal.

De ce spectacle, merveilleux et inattendu à l'âge de l'émerveillement, véritable épiphanie d'un sacré sublime et mystérieux, je n'ai jamais pu me déprendre.

Voici tantôt quarante ans que mon chemin s'en est trouvé marqué, jalon décisif me ramenant sans cesse impérieusement à la *via recta*, tant ces deux symboles, ces archétypes, furent pour moi instructeurs de mon expérience de l'espace et du temps sacrés.

Chemin d'une expérience du Graal et de la pierre intimement mêlés, confondus parce que d'abord distingués.

Chemin d'une aventure intellectuelle et spirituelle initiée aux côtés d'un vieil érudit solitaire, lontgemps vécue entre haies vives bocagères et bibliothèques, devenue par l'expérience de l'une et de l'autre de ces grandes images, voie initiatique.
Passant du Graal à la pierre, conduit plus que conduisant, les trouvant réunis dans la poursuite de notre quête intimement mêlés, j'ai abordé des sentiers qu'anime un besoin d'infini toujours aventureux.

Expérience singulière certes, liée à mon propre désir, à mes creux comme à mes pleins, expérience également collective, entre intime et social, tant les divers groupes humains – quelques personnes peu nombreuses rencontrées sur ces itinéraires – m'ont aidé à passer de l'ombre des sylves de mon enfance à la lumière prophétique des temples partout élevés à la gloire de la Terre Sainte, d'Hûrqalya et de ses cités, du Mont sauvage ou du Mont sûr…

Ce livre tente de rendre compte de ce qui demeure pour moi une aventure, il tente de la partager, ce faisant, il contribue à sa compréhension.

Il appartiendra ensuite à chacun de s'en saisir pour, à son tour, y trouver quelque écho si j'ai eu le bonheur de croiser sa propre quête…

Un itinéraire : jalons pour une expérience graalique

À l'heure où il écrit ces lignes, l'auteur a parcouru et peut-être bien entamé, car de cela personne n'est juge sinon Celui qui connaît le devenir des êtres et des choses, la première moitié de son existence terrestre. Dans l'esprit même de ses travaux de recherche sur l'implication suivis depuis plus de trente ans, et dont il a toujours défendu l'impérieuse nécessité à l'Université et ailleurs, il lui est apparu que le moment était venu de s'exposer et d'en prendre le risque. Il a commis le projet de se livrer dans les lignes qui suivront à une comparaison symbololgique des deux systèmes de pensée traditionnelle questionnés à partir de son expérience : celui de la Quête du Saint-Graal et des objets sacrés et celui qui constitue les arcanes de l'Art royal des bâtisseurs de la pierre. L'un et l'autre ont marqué certes sa propre expérience comme ils ont travaillé en creux l'imaginaire occidental. Ils ne finissent pas de le provoquer à penser.

Arrivé à cet âge où chacun commence à considérer et le chemin parcouru et celui qui reste à accomplir, ce parti d'écriture aura, pour l'auteur, c'est du moins son espoir, une vertu, entre hétéroréférence et autoréférence : mettre ces objets à distance, dans un effort personnel de retour sur son être, sur ce qui depuis maintenant de nombreuses années fait partie de sa vie intellectuelle et culturelle, métaphysique, ayant adhéré depuis des lustres aux idéaux de la fraternité et de l'amour universels et découvert la voie de réalisation mystique et spirituelle qu'ils supposent pour le progrès de l'humanité et l'élévation des âmes.

Certes, il n'est pas ici question de s'en déprendre, tant jamais ne lui sont apparus la justesse et le génie absolu qui – depuis des siècles et, espérons-le, pour des siècles encore, en dépit des chagrins ou des esprits totalitaires de tous bords –, veut que des hommes et, parfois, des femmes, viennent s'asseoir calmement ensemble et qui, ne se connaissant pas la veille, décidant de se mettre mutuellement à l'épreuve de leurs présences et de leurs mots, vont se sentir, dans le même temps, « *emplis de douceur et de fraternité* » comme l'écrivait au XIIe siècle le poète Chrétien de Troyes évoquant la fondation des chevaliers de la Table ronde du roi Arthur par l'enchanteur Merlin.

*

Je tenterai donc de confronter la démarche que j'ai accomplie voici déjà quarante ans, vers l'univers symbolique et culturel de la Table Ronde et de ses chevaliers voués à la Quête du Saint-Graal avec celle de l'Art royal, ayant senti, tant dans mes travaux de terrain que depuis mes premiers ouvrages sur ce thème, et surtout dans la richesse des rencontres humaines et spirituelles qui ont jalonné mon propre itinéraire, à quel point Graal et pierre sont ainsi liés. Mes amitiés, les rencontres que j'ai faites sur divers chantiers, tant universitaires qu'associatifs ou initiatiques, n'ont jamais démenti cette impression devenue, au fil des ans, conviction.

Chemin jamais achevé sur les sentiers de l'initiation, déclinée dans sa singularité, comme l'ont été, pour beaucoup, les années passées, à l'adolescence, chez les Scouts de France, dernier mouvement d'éducation initiatique moderne.

Dans l'un de ses derniers ouvrages, Georges Lerbet nous invite, dans toute recherche visant à produire du sens, à considérer une troisième voie, celle de l'adaptation (ou de la sagesse ?), quand l'homme sait équilibrer les influences que le monde a sur lui avec celles qu'il sait imposer à ce monde. Elle débouche sur la prise en compte du tragique de la condition humaine. Effort de pensée pour sortir de l'univers clos du bipôle ortho / hétérodoxie afin de l'inscrire dans celui de la « paradoxie, soit sortir d'une pensée bipolaire et substituer *« une métaconnaissance à celle du croyant servile »*.

Entre sens et signification, entre savoir et connaissance, nous prévient-il, il existe bien un troisième terme, lieu de passage obligé et transitoire de l'un à l'autre, comme les deux faces du dieu Janus, figures qui jouent et se jouent…

c'est ce qui fonde l'esprit de *tolérance,* laquelle est de nature à formaliser le passage, car il n'est pas de savoir à l'état stable.

C'est ce qui rend très difficile, pour lui, la communication de la démarche initiatique, car dès le moment où l'initié prend le risque de l'exprimer, dans cet acte même de chercher à en rendre compte, il a déjà dépassé le stade où il se trouvait, ce qui rend l'expérience périlleuse surtout quand cette communication s'exerce en milieu hostile intolérant ou simplement indifférent.

Utilisant la distinction émise par Henri Bergson dès 1932 dans *Les Deux Sources de la morale et de la religion*, entre, d'une part, la morale close, frileuse, et réductrice, et, d'autre part, la morale ouverte, accueillante à la variété des hommes et à leur culture (celle-ci résistant mieux que celle-là aux variations de l'environnement), Georges Lerbet découvre ce que l'on peut comprendre de ce genre de démarche, pour lui fondamentale, au sens premier. Elle se veut « méthode » pour aider ceux qui s'y exposent à grandir dans leur quête d'un «principe». Visant à opérer l'échange entre les Hommes par une méthode de communication mise au service de la Tradition, elle assume de ce fait le tragique de l'existence sans le nier.

J'ai conçu ce travail dans ce même esprit, celui d'une anthropologie symbolique. Me fondant sur mon vécu, cherchons à voir dans quelle mesure nous pourrons, réellement ou symboliquement, dans la dimension expérientielle ou spéculative, vérifier cette progression, et interro-

geons d'abord trois étapes, pour moi premières, de cet itinéraire initiatique singulier qui fut le mien :
- le scoutisme,
- l'éducation populaire,
- le *cursus honorum* universitaire.

Les unes et les autres, avec du recul, me semblent correspondre d'ailleurs également à trois étapes de l'initiation : le passage d'un état à un autre, l'enseignement et l'expérience de la quête. J'en viendrai plus tard à des démarches plus fondamentales mais dont on verra en quoi elles s'enracinent dans celles-ci.

Le scoutisme

À douze ans, au fond d'une forêt normande dédiée à la déesse Diane, devant une chapelle, vestige d'un antique ermitage, l'auteur a passé une nuit à méditer, espérant la délivrance de l'aube et la cérémonie d'intégration (la promesse scoute) à laquelle au bout d'un chemin escarpé, l'attendait, sur un monticule, face à l'immensité verte de la forêt se dégageant à peine des brumes d'un petit matin glacial, toute la troupe scoute pour le serment sur l'étendard du groupe. Vestige de la cérémonie d'adoubement du chevalier, cette expérience, ardemment souhaitée à cette époque, devait me marquer pour la vie, elle fut, pour moi, la matrice de celles qui devaient suivre, au fil du temps.

En considérant ces souvenirs sur le scoutisme, mouvement auquel j'avais adhéré avec l'enthousiasme propre à cet âge, nourri des ouvrages de la collection *Signes de Piste*, j'y retrouve maintenant les trois composantes de tout scénario initiatique :

– les épreuves scoutes auxquelles était autrefois soumis le jeune aspirant commençaient avec la totémisation conférée par le groupe d'âge lui-même et se poursuivaient par une série de challenges tant physiques qu'intellectuels, liés à l'observation, au sens de la nature, à la prise d'autonomie. Elles se cumulaient les unes aux autres à trois niveaux, jalonnés par l'attribution de grades, celui d'aspirant, de scout de deuxième classe et de scout de première classe, parfois parachevée par l'attribution, décernée à toute une patrouille, du titre de raider scout : raids survie, expérience de la nuit et de la solitude, randonnées par tous les temps, efforts physiques en constituaient souvent les passages les plus marquants, tempérés par la chaleur d'un groupe humain solidaire et accueillant, l'émotion partagée des grands spectacles naturels, des affûts au petit matin blême, des feux de camp au cœur des forêts, des chants sous la lune…

– les savoirs scouts étaient communiqués au jeune aspirant à la fois par ses pairs (la « *patrouille* ») formation très communautaire qui lui donnait le sens de la vie collective, d'une première expérience de fraternité et par ses aînés (les chefs).

– l'étape la plus importante, la plus marquante était sans contredit la promesse scoute, laquelle, basée à la fois sur la maçonnerie et la chevalerie, du fait des modèles adoptés par le fondateur du scoutisme (Lord Baden-Powell). Elle constituait déjà la première expérience d'un rapport direct au sacré étant organisée comme un véritable rituel initiatique : marge (méditation solitaire au fond d'un bois), épreuve (marche de nuit, silence solitaire), rite de passage, triple serment sur le drapeau, réception des insignes (un écu frappé de la croix de Jérusalem) symbolisant sa nouvelle appartenance et, *in fine*, agrégation au groupe de ses pairs au petit matin blême. Aucun des anciens scouts que j'ai croisés depuis n'a oublié ce moment de pure grâce.

L'éducation populaire

Pour moi, ce sentiment d'un dépassement possible et nécessaire était encore présent, un peu plus tard, dans l'enthousiasme de la fondation et de l'essor des mouvements de jeunesse et d'éducation populaire – particulièrement des Maisons des Jeunes et de la Culture (les M.J.C.), – héritières de la République des Jeunes – comme, encore, dans l'aventure intellectuelle d'un parcours universitaire vécu à la marge de plusieurs transversalités. Et je ne puis ici qu'évoquer la figure si attachante de Lucien Trichaud, fondateur des M.J.C., qui m'initia à l'Éducation populaire et dont je devais être, bien plus tard, un des lieutenants. Je lui dois d'être littéralement sorti de mes limites. J'y ai d'abord vécu mes premiers engagements au service de la cité (la M.J.C. de notre époque était véritablement un banc d'essai du citoyen), dans la confrontation aux autres, et je leur dois aussi mes premières pratiques artistiques collectives, le goût de certaines formes de spectacle, de l'animation dont j'ai fait ensuite métier pendant quelque vingt années au service des collectivités locales et des publics bas normands.

L'Université

En dépit des apparences, et même si ce secteur de la vie sociale s'est largement éloigné de ses origines, le cursus universitaire peut fonctionner également « *à l'initiation* ». De ma première inscription à la faculté de Caen, en 1966, jusqu'à l'obtention d'une thèse d'habilitation en 1999, j'y ai accompli un parcours de trente-trois années, (il est vrai parfois interrompu de longues périodes de béance, de perlaboration, d'allers et retours entre terrains d'implication et théories).

Parcours jalonné d'épreuves, au nombre imposant (nous avions calculé que dans un institut universitaire d'Angers que j'ai dirigé, les étudiants devaient se soumettre, en six ans, à plus de cent épreuves écrites, écrire trois mémoires soit produire environ deux cent cinquante pages, suivre de nombreux entretiens, etc.)

Pour ceux qui l'ont subie, l'épreuve de la thèse de doctorat, préparée dans le silence et écrite dans le recueillement pendant de nombreuses années, suivie dans une relation qui n'est pas sans rappeler celle du maître et de l'apprenti, par un directeur de thèse qui ne ménage ni ses mises à l'épreuve ni parfois ses sarcasmes, vient couronner ce processus en soumettant, au bout du chemin, pendant plusieurs heures, le thésard au feu roulant des questions de spécialistes sans indulgence et qui s'emploient à le mettre intellectuellement à bas, le soumettant à une véritable mort symbolique, épreuve que nul n'affronte sans une véritable appréhension.

La communication des savoirs n'est pas moins impressionnante, ainsi les étudiants de l'institut précité auront, au bout de leur cursus, assisté à pas moins de deux mille deux cents heures de cours, accepté les conseils de leurs aînés, mis à l'épreuve leurs propres savoirs et leurs capacités à résister, passé en moyenne au moins cent soixante heures en entretien d'accompagnement.

Passée la thèse, le processus de communication des savoirs n'est pas clos pour autant puisque commence alors le jeu des articles et publications, des rédactions d'ouvrages et des communications à des colloques qui sont la marque de l'appartenance à la cité savante, pour chacun dans sa discipline. Il se clôt enfin par une autre soutenance devant jury, celle de la thèse d'habilitation, soutenue sur travaux. Exercice utile même si le côté dérisoire de leur efficacité n'échappe plus à grand monde. Il l'est pour l'impétrant, le marque, le différencie de ceux qui n'ont pas été au bout de l'épreuve.

Me concernant, ce parcours initiatique a été considérablement renforcé dans le sens de l'épreuve par mon directeur de thèse, Jacques Ardoino, n'hésitant pas à soumettre ses « chargés de cours » à des épreuves quasi initiatiques lors de leur début dans l'enseignement universitaire, les « dépouillant de leurs métaux », c'est-à-dire de leurs savoirs en interrogeant la posture de magister, laquelle tient bien sûr aux savoirs de celui-ci mais encore et bien plus à sa capacité à accueillir celui des étudiants, à entrer en relations avec eux. Ceux-ci ne se présentent jamais, sur quelque sujet que ce soit, totalement vierges, ne serait ce que du fait du choix de leur matière. La véritable connaissance repose, certes, sur l'appropriation des savoirs mais encore et bien plus sur l'interaction positive suscitée par l'enseignant avec son public. Il en allait de même, chez ce professeur, de tous les moments de son enseignement, toujours élaborés à partir des représentations de ses étudiants au discours desquels il réagissait pendant des heures durant. Dans ce couple toujours conflictuel et en même temps extrêmement fécond pour ceux qui avaient la chance d'y participer, le savoir du magister n'intervenait que lorsqu'il sentait son auditoire prêt à l'accueillir. Il s'agissait là d'un enseignement véritablement initiatique puisque je n'ai jamais vu Jacques Ardoino, pendant toutes les années de ses séminaires, « faire cours » au sens classique du terme. Il s'efforçait à chaque rencontre de mettre ses étudiants sur la voie en stimulant leur réflexion sans craindre de les déstabiliser, expérience parfois douloureuse et encore plus lors de la préparation de la thèse où la méthode d'accompagnement voulue par Ardoino toujours « en tension » renvoyait sans cesse l'impétrant à sa propre incomplétude et pas seulement sur la question des savoirs. Le plus étonnant, c'est que les contenus ainsi diffusés étaient incroyablement plus riches, pour peu que l'on acceptât de se les réapproprier, que ceux qu'aurait pu procurer un énoncé simplement linéaire. Nous étions là dans un processus reposant essentiellement sur l'interaction provoquée et qui devait être assumée. Le grand Kurt Lewin, dont Ardoino avait été lui-même l'auditeur, en usait ainsi avec ses propres étudiants, devait-il nous confier, nous indiquant implicitement à quelle chaîne de transmission il se référait.

Autre face de cette réalité, l'universitaire participe aussi d'une sphère particulière, relativement close sur ses préjugés de corps, celle des clercs. Elle a ses langages, ses codes, ses rituels et si la société s'est de nos jours largement profanisée, si le règne de la quantité prédomine en de nombreux endroits, si l'université s'utilitarise, il n'en reste pas moins qu'aux origines de l'Université, la sphère des clercs (des éclairés) se confondait avec celle des savants et que nul ne pouvait être docteur s'il n'avait soutenu sur un sujet théologique, quelle que soit sa discipline. Alors, savoir et connaissance se rejoignaient dans la sphère du religieux qui les tenait ensemble reliés.

Demeure, dans nos représentations sociales, cette vieille idée d'une parenté étroite entre savoir et sacré, cette opinion ancrée trés profondément que tout savoir ne procéderait du divin dont le maître serait une courroie de transmission.

Il reste à nous demander si l'Université, en faisant ce passage du sacré vers le profane, n'a pas agi à rebours du processus initiatique qui la fonda et dont elle n'aurait conservé que les signes extérieurs ? Et si j'ai pu y occuper, un certain temps, des fonctions en vue, je n'ai jamais accepté, pour autant, de quitter une position épistémologique visant à croiser sans cesse terrain et théories, recherche et action, réel et imaginaire, intimations du milieu et pulsions subjectives, passé et présent tant, comme le disait jadis, à l'Université de Caen, Pierre Chaunu citant Marc Bloch : « *il n'y a qu'une science des hommes dans le temps et qui, sans cesse, a besoin d'unir celle des hommes à celle des vivants* ».

Cette quête, véhiculée par des voies différentes mais convergentes, en arrive à se trouver quelque appel à l'unité puisque « *l'unité est la source de l'amitié, de la concorde et de l'union des choses, comme elle est le principe de leur extension*[1] ». Ou, pour le dire autrement comme me l'enseigna jadis mon vieux et premier maître, René Bansard, « *la quête du Graal n'est jamais terminée, car elle est l'affaire de chacun* ».

Dans cet essai, il s'agit moins d'une œuvre d'autobiographie, entreprise toujours hasardeuse si ce n'est empreinte d'une subjectivité narcissique, tant l'expérience personnelle, surtout quand elle emprunte les voies de l'initiation est, au sens propre, *ineffable*... mais plutôt d'un travail d'anthropologie comparative sur l'initiation et ses images.

Ma propre expérience de l'initiation à la chose culturelle et éducative (ces deux dimensions étant les deux pôles en interaction constante d'une seule et même réalité), m'a conduit maintes fois à entendre un poète, un musicien, un peintre, un sculpteur, un écrivain, se refuser

---

1 *Hermès Trismégiste : La Table d'Émeraude et sa tradition alchimique*, coll. Aux Sources de la Tradition, Les Belles Lettres, Paris, 1995.

à commenter son œuvre et allant jusqu'à dire à ceux qui l'en priaient : « *lisez, écoutez, regardez mon travail, je ne puis autrement m'en expliquer...* » entendant par là : s'il entre en résonance avec vous, il me sera inutile de vous en dire plus, et je n'aurai pas perdu mon temps, sinon tout commentaire superflu serait inutile car ne s'ancrant que sur une quelconque curiosité plus ou moins déplacée...

Il en va de même de l'expérience initiatique, comme le disait un très savant père jésuite de mes amis, Arry Roest Croellius : « *ceux qui ne savent pas en parlent et ceux qui savent n'en parlent pas* ». C'est pourtant le propos de cet essai, volonté inconsciente de transgression, dont il faudrait chercher les origines dans de jeunes années passées sous la férule des « *bons pères* ».

J'y propose, en tout cas, une invitation à la compréhension. Elle rejette l'explication comme voie privilégiée au profit d'une prise en charge globale des symboles travaillés dans leur communion avec leurs publics. Moins l'analyse, quand elle réduit à l'unité, que la compréhension s'efforçant de rassembler ce qui est épars. C'est cela même qui est à l'origine du principal grief fait aux adeptes de l'Art royal : le fameux « *secret maçonnique* », lieu convenu de toutes les projections fantasmatiques, relayés par des faiseurs d'opinion, lesquels auraient sans doute à s'interroger sur la nature des intérêts qu'ils servent réellement. Elle l'est aussi, parfois plus tristement, par des intellectuels que l'on pouvait penser éclairés. Que l'ignorance engendre de maux et comme l'histoire a, malheureusement, parfois de drôles de hoquets !... Secret de polichinelle si l'on veut bien considérer l'abondante littérature, les films, revues, expositions et même les bandes dessinées, qui, depuis trois siècles, ne manquent jamais de publier rituels, description des grades et symboles, imageries ésotériques, sans même parler des divulgations des aigris, *refuzniks* ou personnes mal intentionnées dont chacun sait bien où ils se recrutent quand ils dénoncent le fameux complot judéo-maçonnique de manière plus ou moins larvée.

Ces secrets ne résident pas dans quelque pauvre conspiration, et s'ils se trouvent placés au cœur de la voie initiatique, c'est simplement du fait, comme l'avait bien vu Carl Gustav Jung, que l'âme est un facteur autonome et que les expressions religieuses sont des professions de foi psychiques. Elles ne peuvent appartenir qu'à celui qui en fait l'expérience, jamais achevée, dans sa quête de spiritualité. Sous l'apparence, apprenons à lire le symbole et ne prenons pas la lettre pour l'esprit.

Il m'est souvent arrivé de me demander pourquoi le public, les gazettes, quand ce ne sont pas des personnages officiels, peu enclins à sauvegarder la liberté de conscience, semblaient exiger cette mise à nu de la part secrète, intime d'une telle démarche alors que l'on ne songerait pas à adresser une telle injonction, avec autant d'insistance, à un prêtre, une religieuse, un(e) artiste, un maître des arts martiaux, un yogi…

Il y a pourtant, dans chacun de ces cas, quelque chose du même ordre, qui appartient à la sphère de ce que nous ne pouvons qu'épeler, de l'inconnaissable, comme on le verra. Le problème concernant la démarche initiatique, c'est que ceux qui, dans une position extérieure, ne savent pas où pour diverses raisons, ne se donnent pas les moyens de savoir[2], inventent, le plus souvent, comme chacun peut le constater, obsédés qu'ils sont de mettre en phase le système cause-effet, ignorant par exemple qu'un Newton dont on connaît l'apport incontournable qu'il fit à la physique fut aussi, de nombreuses années, un alchimiste…

À ce sujet, citons le philosophe Jean-Jacques Wunenburger : « *l'explication défait l'entrelacement spontané des constituants de l'objet pour en extraire des savoirs qui permettent progressivement de le connaître, de le rendre transparent, la compréhension, au contraire, insère d'emblée le donné limité dans la totalité de l'expérience de la rencontre du sujet et de l'objet* ».

S'appuyant sur Héraclite, Cornelius Castoriadis nous rappelait : « *les limites de l'âme, tu ne les découvriras pas tellement son logos est profond* » et de commenter : « *On ne saurait découvrir les déterminations de l'âme, en tout cas ses déterminations ultimes, même en parcourant tout le chemin […] le logos de l'âme n'est peut-être si profond que parce qu'il s'accroît de lui-même. L'âme est donc profondeur incommensurable et en même temps énergie propre, spontanéité, autodéploiement.* »

Le parti pris de transparence est le propre des sociétés vouées au machinisme, à la mécanisation totalitaire. Jakob Burckhardt écrivait à ce sujet qu'il y a dans le refus de la complexité le germe de toute tyrannie. Gilbert Durand invoquait, lui, « *le droit imprescriptible de l'être humain au luxe nocturne de la fantaisie* » dans des socié-

---

2 Ottenheimer G. et Lecadre R. Les Frères invisibles, Albin Michel, 2001.

tés vouées à l'éclairement perpétuel, au culte des apparences.

Il est d'ailleurs paradoxal de constater que ce sont les francs-maçons, héritiers de la philosophie des Lumières (mais pas seulement, tant la maçonnerie spéculative écossaise est un melting-pot spiritualiste et culturel voué à l'universalité, rassemblant les *fioretti* des richesses spirituelles d'Orient et d'Occident, des celtes aux illuminés via les pauvres chevaliers du Christ, le compagnonnage et les protestantismes), qui, revendiquent le droit à la pénombre, à l'écart, au retrait, à l'intimité de ces lieux où l'on peut se mettre en repos dans une atmosphère de partage fraternel, dans la confiance accordée à des hommes liés par serment réciproque d'assistance et que l'on nomme ses frères, comme les chrétiens sont, du moins dans le principe, frères en Jésus-Christ. Ce faisant, ils ne font, sans doute, tout simplement, que réactiver ainsi le vieux serment de toute humanité, sans doute formulé un jour au creux d'une caverne quand nos lointains ancêtres comprenaient que ce qui les rassemblait face à une nature hostile était plus important, pour leur survie collective, que ce qui pouvait les diviser (l'appât du gain, celui du butin, le partage des proies, la domination des femmes de la horde, le pouvoir sur leurs semblables, tous comportements collectifs bien vivants dans nos institutions pratiquant à profusion ce que les sociologues institutionnalistes nomment la « *régression instituée* »). Car, si ce serment possède une signification symbolique, n'est-ce pas au fond, par exemplarité, dans le pacte humain, celle de la reliance de tous ceux qui se réclament de cette universalité, de ce qui nous fait autres que les animaux ? Même si l'histoire nous a réservé, à ce sujet, de bien cruelles déconvenues, même si les institutions, Églises et États, le plus souvent encore régis par la loi de la jungle, sont le cadre d'affrontements aussi dérisoires que violents, ils n'en sont pas moins création des hommes comme le sont aussi, d'ailleurs, les ateliers de francs-maçons. Il y a, « *au creux des apparences[3]* », le rêve encore inaccessible d'un monde fraternel auquel les institutions, créées par les hommes, participeraient et c'est ce qui motive notre espoir de les voir un jour y contribuer. Monde fraternel fondé sur un autre rapport au cosmos, à l'ordre universel né du chaos originel. Car « *les rapports de la guerre, de la culture, de la violence et de la domination, de la conquête et de la fondation des cités ne procèdent pas d'une nécessité interne mais s'enracinent dans l'oubli de Dieu et y trouvent leurs conditions […] croire en Dieu signifie entrer du milieu du monde dans la fraternité universelle de la Création, dans l'anneau sacré des quatre points cardinaux.* (Maffesoli) »

Au dehors, le tumulte, la compétition vers les cimes du pouvoir, du négoce ou la maîtrise des savoirs, et leurs corollaires : exploitation et aliénation, au dedans, l'expérience incomparable d'une vie d'amour où il n'y a plus ni gentils, ni juifs, ni arabes, ni bourgeois, ni ouvriers, ni nantis, ni minables, mais des « *enfants de la veuve* » ou « *des compagnons de la Table Ronde* » également frères dans la recherche de ce qui a été perdu, s'y attachant

---

3   Maffesoli Michel, 1993.

d'autant plus qu'ils savent bien que leur quête est, par essence, à jamais inachevée, poursuivis, eux-aussi, comme autant d'entraves par leurs mauvais compagnons : l'ignorance, le fanatisme et l'ambition.

Quête hermétique résolument, qui emprunte la voie herméneutique, en ces périodes troublées où la question du sens se pose à nouveau avec acuité. Et Gilbert Durand de nous rappeler que l'hermétisme apparaît toujours aux périodes où *« le consensus rationaliste atteint sa limite de saturation et bascule dans l'antithèse du sentimentalisme, de l'empirisme, du pragmatisme »*.

Quête d'un tragique assumé, encore, comme l'a souligné Georges Lerbet, faisant écho à Yves Barel écrivant : « *La grandeur des Tragiques consiste en ce qu'ils ont été parmi les tout premiers, dans ce qui deviendra la tradition occidentale de la pensée, à oser se collecter avec une vision paradoxale de l'homme et du monde.* »

C'est périlleuse entreprise que d'amener au jour des choses qui devraient rester cachées : besoin d'exhibition ou nécessité de rendre témoignage de chemins, en marge des modes et des ukases, dans l'alternance des périodes d'ombre et de lumière, faisant, de ces pages, qui s'ouvrent là, *« séjour visible et invisible »*.

Tentons de contribuer à mieux comprendre ces voyages, à la fois personnels et partagés, qui m'ont amené, souvent à mon insu, et, au prix de bien des détours, via la Table ronde du roi Arthur, des stalles du chœur d'une cathédrale gothique, entre la pierre des bâtisseurs et le calice sacramentel, à prendre le parti de chercher, encore et toujours, sérénité, sagesse, harmonie, étant bien conscient que nul secret ne sera trahi, puisqu'il n'y a, on l'a compris, rien à dévoiler, et qu'il s'agit simplement d'indiquer des voies d'expériences possibles, parmi bien d'autres…

Expérience particulière, certes, mais qui, comme dans la fable des trois tamis de Socrate, s'efforcera d'être vraie et, ce faisant sera peut-être utile à nos semblables, à la jeunesse à laquelle, comme pédagogue, nous consacrons notre vie.

Si je n'avais pas cette intime conviction de la nécessité du partage, de l'interaction, il est évident que je ne m'y exercerais pas sachant, par avance, ce que cette « *mise au jour* » peut coûter sans doute d'incompréhension, si ce n'est de renoncements et d'abandons car justement vouée « *au perfectionnement intellectuel et moral de l'humanité ?* », ce qui est loin d'être partagé comme projet collectif.

C'est aussi, paradoxalement, ce qui justifie une interprétation *a giorno*, loin de toute dénonciation institutionnelle, et, dans le même temps, à l'encontre de toutes les inquisitions, même s'il en existe encore et pas seulement là où on les chercherait volontiers ! Il ne manque pas de petits esprits pour jeter encore des anathèmes et que l'ignorance engendre de maux ! Que celui qui a des yeux pour lire, qu'il lise… S'il est animé d'intentions fraternelles, ou simplement intellectuelles au sens le plus étymologique, il saura en tirer son profit, dans le cas contraire, qu'il passe outre, sauf à rester au bord d'un chemin qui lui est radicalement étranger et qu'il se ferme lui-même à jamais.

Il me faut rappeler, grâce à ceux qui m'ont tôt transmis les mots sacrés, ce qu'était un maître, un passeur de sens... Ce faisant, une telle démarche ne s'improvise pas, elle est plus résultante que volontarisme même si, chaque mois qui passe, elle sollicite également volonté, humilité et sens du devoir. Mieux et plus, nous nous y trouvons conduits autant que nous la conduisons.

Proposons-nous quelques réflexions sur différents niveaux de sens, s'y croiseront références bibliques, anthropologiques et littéraires avec de l'éprouvé : celui de la marge et du renoncement. Celles-ci m'ont personnellement modifié, par la vertu des outils pratiqués, m'ont rendu autre et l'écriture y a joué (et y joue encore) une place majeure, comme lieu et d'objectivation (ce qui ne veut pas dire objectivité) et de déploiement symbolique.

Ceci nous ramènera aux arcanes d'un texte fondamental pour tous les chrétiens, dont je suis et demeure, l'Évangile de saint Jean, auquel se réfèrent les enfants de la veuve, figure dans laquelle certains reconnaîtront l'Église de Pierre, locataires de celle de saint Jean, l'évangéliste de l'amour fraternel célébré, avec son parèdre, aux deux cuspides de l'année, soit Jean Le Baptiste et Jean l'Évangéliste. Je le compléterai par un travail sur un autre texte de Jean : celui de l'Apocalypse, qui tend à montrer la constance des structures anthropologiques à l'œuvre dans ce grand texte sacré, véritable synthèse de la Révélation.

De là se découvrira inexorablement une impérieuse nécessité : écrire pour faire trace. Juché sur les épaules de mes maîtres, j'évoquerai là, notamment, trois figures dans leur complémentarité, lesquelles ont modifié mon regard sur le monde et la façon d'en rendre compte : Jung, Reich, Durand... trois figures de science, mais aussi de conscience, à la fois contrastées et complémentaires jusque dans leurs divisions, toutes trois habitées par l'universelle obsession du rythme.

Elles éclairent, avec les grandes images telles qu'elles ont suscitées dans mes travaux, les regards mythologiques sur lesquels je conclurai cette relation au temps de l'initiation en ses figures ici explorées, dans l'entrebâillement des portes ainsi entr'ouvertes.

Une quête arthurienne aux marches de Gaule et de petite Bretagne

La quête du Graal constitue la plus belle aventure spirituelle qu'il soit donné à l'homme de tenter sur la terre. À l'exemple d'inventer, qui signifie découvrir et imaginer, quêter offre deux sens dont la confrontation libère la valeur du point de vue de l'alchimie. Si quêter veut dire rechercher avec attention et patience, il signifie également demander et mendier.

Héritier d'un mythe celte, celui du chaudron d'abondance, le motif de la quête du Graal, universalisé dès le début du XIIIe siècle, n'a cessé d'entrer en résonance avec l'imaginaire social comme il a profondément provoqué ma propre jeunesse. Il m'a conduit à explorer sans cesse de nouvelles voies.

Le mythe du Graal parle, à qui peut (ou sait ?) le lire, se l'approprier, de façon très actuelle.

Depuis que je travaille sur ce mythe[4], je tente d'en cerner le contexte d'émergence et les influences qu'il vient en quelque sorte subsumer. Le mythe du Graal est, de fait, un véritable carrefour sémantique, une matrice culturelle, qui permet de relier ses racines, celtes et indo-européennes à son inscription sociale et culturelle. Sa fréquentation fut pour moi propédeutique à toute démarche initiatique, et j'y trouve encore aujourd'hui semblable spiritualité dans la tension qui nous porte à une connaissance (au sens de gnose) sans cesse renouvelée.

Curieusement, sa symbolique, évitée par les Églises instituées, présente mais souvent peu explorée dans l'alchimie, abordée tardivement dans l'écossisme, offre pourtant presque insensiblement, une clef de compréhension de l'existence, de toute existence, de la musique des mondes.

La rencontre d'un modeste érudit local bas normand, René Bansard, en fut la véritable clef d'accés, sur le terrain même de l'enracinement de la légende arthurienne et

---

4   Voir en bibliographie mes ouvrages sur ce thème de 1983 à 1999.

j'ai raconté ailleurs le parcours initiatique commencé, à ses côtés, à l'âge de dix-sept ans, aux marches de Maine et de Normandie sur la trace des chevaliers de la Table Ronde, aux sources de l'enracinement folklorique du roman arthurien, en la compagnie de personnages bien énigmatiques, les saints ermites du Passais..

Ainsi, la thématique du **"passage"** est omniprésente dans les écrits rédigés par les groupes de clercs se situant, au Moyen Âge, dans la mouvance des abbayes anglo-normandes et des Plantagenêts, des deux côtés de la Manche, à l'époque médiévale. Elle fut mon viatique dans cette expérience particulière effectuée entre Graal et pierre, entre l'éducation chrétienne très religieuse et humaniste reçue dans mon enfance et mes engagements actuels au service de l'universelle fraternité. Elle reste inscrite au pays de mon enfance, celui des Enfances de Lancelot du Lac...

Comme Arthur, Lancelot du Lac, archétype de la chevalerie française au Moyen Âge, meilleur chevalier du monde, nous séduit encore aujourd'hui avec la Quête entreprise par ses pairs à l'instigation de Merlin l'inspiré et de nombreux personnages arthuriens : Gauvain, Sagremor le Desreés, les trois déesses celtes (Guenièvre, Morgane, Viviane), et encore Galaad, Bohort et Perceval, Bandemagu...

Nous y reconnaissons, d'une part, l'incarnation des grandeurs et des petitesses de l'éternel masculin dans leur confrontation à la femme éternelle, à celle « qui ne cesse de chanter dans l'imagination de l'homme » (André Breton), et sans doute aussi parce que ces figures n'ont pas fini de hanter notre imaginaire social. Leurs aventures viennent en effet corriger et euphémiser, dans les rapports entretenus par les héros au monde des fées et à celui des eaux, des images désormais mythiques. Ils sont encore engagés sur des chemins d'exception, souvent, à la fois, héros et saints, cumulant les premières et deuxième fonctions duméziliennes.

La Quête du Graal est encore Quête de l'Amour, dans le roman de Tristan et Yseut, la plus belle des histoires d'Amour de tous les temps. Enfin, elle nous interroge, dans *le Conte du Graal* de Chrétien de Troyes, sur notre rapport au Temps. *« Elle appartient bien*, comme l'a écrit Roger Bastide, *à ce moment de transformation des structures mentales qui correspond à la perte du contact avec la nature et à l'avénement de l'histoire. La création mythique ici consiste pour l'homme, qui n'est plus ordonné par rapport à l'univers, à se retrouver comme destin ou à découvrir une nouvelle signification de sa vie en la transformant en Quête*[5]*»*. Et ceci est vrai tant pour chacune de nos vies que pour les sociétés elles-mêmes, du moins les nôtres, nous le constatons du Moyen Âge à nos jours.

La complexité des thèmes, les références métisses qui se croisent dans les romans arthuriens plaident, me semble-t-il, en faveur de notre thèse : la légende arthurienne est une matrice culturelle, philosophique et spirituelle au croisement des traditions celtes, occitanes, latines et orientales et des influences spirituelles du temps mises en forme au sein de ce prodigieux mouvement de civilisation

---

5 Bastide Roger, 1975.

que connaît la Normandie des ducs et de leurs successeurs, à l'ombre de ses abbayes.

Comme l'a bien vu Régine Pernoud, dans l'ouvrage qu'elle a consacré à Aliénor d'Aquitaine: "*la gloire d'Arthur prend corps à travers une multitude d'œuvres poétiques à l'époque et dans l'entourage d'Aliénor. Lui-même et ses chevaliers, bénéficiant de l'extraordinaire osmose qui va s'opérer entre la Matière de Bretagne, les grands thèmes de la Chevalerie et de l'Amour Courtois, vont devenir des figures immortelles et, dans cette transformation s'opère le miracle littéraire du XIIème siècle (...) toutes les fois que l'on cherche à s'expliquer d'où est venue, comment s'est opérée cette fusion entre courtoisie, thèmes chevaleresques et mythes celtiques, on se trouve infailliblement ramené vers la cour d'Aliénor.*"

Les lignes qui suivent tenteront d'en énoncer quelques illustrations, là où m'a conduit l'expérience de la Quête.

J'y ai alors trouvé un lieu d'engagement irréversible au service d'idéaux supérieurs qui devaient me conduire à adhérer en homme libre et de bonnes mœurs, à vingt et un ans, à l'Ordre international des chevaliers et dames de la Table Ronde de la cour du roi Arthur à Camelot, ordre hospitalier anglais dont je découvrirai des années plus tard ce qu'il devait, en la personne de son fondateur, Frederic Thomas Glasscock[6], à l'Art royal. Longtemps seul

---

6 Né en 1871, Frédéric Thomas Glasscock refonda, en 1927, à Tintagel, le compagnonnage de l'Ordre International des Chevaliers et Dames de la Table Ronde. Voir http://www.otr-france.com.

membre de cet ordre en France, j'en devins le propagateur. Adoubé chevalier à la Noël de 1983 à Tintagel, avec mon plus vieil ami, j'ai fondé le chapitre français, en 1984, et en ai été le premier grand maître sur le continent, fonction occupée pendant sept ans. L'ordre est prospère et poursuit depuis vingt ans, au grand jour, ses activités hospitalières et symboliques dans un esprit de laïcité et de tolérance ouvertes et critiques.

Orient – Origine

> « *Donne toujours sans compter et tu auras toujours de quoi donner.* » Lancelot, in *Le Livre du Graal* 2, Gallimard, La Pléiade, Paris, 2003, p. 489.

Considérant la **Quête du saint Graal** elle-même, il n'est pas superflu de nous interroger, d'abord, sur ses origines.

GRAAL (pluriel *gréaux*) est un nom masculin qu'on trouve répandu au Moyen Âge, notamment du XIe au XVe siécle. À cette époque, il désigne communément une coupe, un vase, est équivalent au *calix*, d'où calice, il est aussi marmite, chaudron, cratère, écuelle.

La référence indo-européenne renvoie encore l'origine du Graal à la racine *KERT– soit tordre, tresser,* car l'on peut penser que les premiers objets contenants étaient confectionnés en tresses (corbeilles). Le Graal accomplit une fonction protectrice liée aux schèmes d'intimité qu'il vient fédérer. On comprend dès lors pourquoi de cette idée de contenant, lié à l'oralité, on soit passé, dans les romans arthuriens du Moyen Âge, avec Chrétien, au *saint Graal*, vase mystique. Il semble qu'il y ait attirance entre les schèmes de l'intimité de la nutrition et ceux de la mystique.

Chez Wolfram von Eschenbach, dont le *Parzival* inspirera Wagner, le Graal est taillé d'une pierre précieuse, l'émeraude tombée du front de Lucifer, lors de la chute des Anges ; elle sera emportée plus tard là où l'on situait le paradis terrestre. L'on se souvient que la pierre de la Kaaba des musulmans est aussi une pierre taillée apportée du ciel par l'ange Gabriel, il y est « la *fleur de toute félicité* ».

Au XIIIe siècle, la Quête du saint Graal devient la fin ultime de toute chevalerie et les Chevaliers de la Table ronde jurent, dans le roman arthurien, de se mettre en campagne afin de découvrir la vérité du vase très précieux à la fois nourricier et but d'une quête spirituelle. Seuls trois chevaliers, les plus jeunes et les plus purs, Bohort, Perceval et Galaad parviendront au château du Graal, ils y seront amenés lors d'une messe dite par Josephé, le fils de Joseph d'Arimathie au cours de laquelle Jésus-Christ leur apparaîtra. Ils assisteront aux mystères du Graal et de la lance qui saigne, mais un seul d'entre eux, Galaad, sera admis à contempler l'intérieur du Vase très sacré. Ayant considéré les choses spirituelles qui s'y trouvent, il sera ravi au ciel. *"Depuis lors, il n'y a jamais eu aucun homme, si hardi fut-il, qui ait osé prétendre qu'il l'avait vu"*.

La question des origines

Pour la thèse celtique, le conte du Graal, d'origine indo-européenne, utilise les récits des mythologies et littératures celtiques sur les trésors et talismans de l'autre monde. Le conte du Graal métamorphose ainsi un très vieux récit, qui, 4 000 ans auparavant, racontait comment un jeune héros prédestiné parvenait, au travers d'un certain nombre d'épreuves, à conquérir les talismans royaux, symboles des trois fonctions sociales dont le groupement et la conservation garantissent la prospérité et restaurent une royauté déchue, indigne et impuissante dans un pays frappé de stérilité. C'est parce que le héros ne prend pas la parole, qu'il reste *infans,* sans parole (ou apprenti), que le pays ne retrouve pas sa fertilité ni le roi Méhaignié sa virilité. Nous avons là, déjà présent, le scénario de toute initiation, laquelle a pour fonction un changement d'état.

Sous l'influence des cisterciens, Robert de Boron fera subir au Graal une profonde christianisation dans le sens d'une œuvre initiatique et mystique. Chez lui, le Graal est le vase dans lequel Jésus but pendant la Cène, qu'il utilisa pour dire la première messe et où Joseph d'Arimathie recueillit le sang de ses plaies après son supplice. Transporté en Occident, il repose dans l'île d'Avalon, lieu mystique identifié par les Plantagenêts à l'abbaye cistercienne de Glastonbury (Somerset). La lignée de Joseph d'Arimathie, celle des gardiens du Graal, dont Lancelot est un descendant, assure sa protection. Le propre fils de Lancelot, Galaad, achèvera la Quête et le cycle pourra alors se renouveler. La légende arthurienne accomplit donc le lien entre les traditions celtes et la spiritualité cistercienne.

À partir du XIVe siècle, ce thème va connaître, dans toute l'Europe, un vif succés[7]. L'imprimerie le mit à la portée du grand public. Ainsi se constitua la matrice de notre imaginaire occidental, celle de tous nos romans.

Le vase d'élection

Dans une mystique influencée par les croisades et leurs prédicateurs, le Graal (ou graduel) prend ainsi la figure de la sagesse, dont rend compte une Quête

---

7   Bertin G. 1997.

mystique sous double influence : cistercienne et trinitaire. La quête du Graal permettra le passage des chevaleries terrestres aux chevaleries célestes. Le Graal est ici maître du temps dont il tient ensemble les liens tissés comme son ancêtre d'osier.

Ainsi, en 1537, lorsqu'il publie Pantagruel, Rabelais fait référence au Graal en nommant son héros *"Panta/Gruel"*, à cause dit-il *"de la sécheresse qui sévissait, car "panta" en grec vault autant à dire comme tout et "gruel" en langue Hagaréne vault autant comme altéré voulant inférer que à l'heure de sa nativité le monde estoit tout altéré, et voyant en esprit de prophétie qu'il seroit quelque jour dominateur des altérez"*. L'œuvre de Rabelais, entièrement pétrie de culture populaire, est d'ailleurs organisée comme une véritable quête du Graal par les compagnons de Pantagruel partis à la recherche de la *"dive bouteille"*, fontaine d'abondance et de sagesse à laquelle ils n'arriveront qu'au prix de nombreuses épreuves. Le contenant y est, d'une manière mystérieuse, identifié à son contenu, à la figure de l'*aqua permanens*, le Mercure, véritable *vase caché*, jardin philosophique où notre soleil naît et se lève.

La filiation entre ce mythe d'origine celte et l'ésotérisme contemporain explique que l'usage d'une Table ronde est indispensable aux travaux du 22ème degré du Rite Ecossais Ancien et Accepté (chevalier de Royal Hache ou Prince du Liban ou Grand Patriarche) dont un des spécialistes, Jean-Pierre Bayard, écrit : « *dans un appartement se trouve une Table ronde entourée de douze sièges destinés aux douze patriarches* » et l'auteur d'en souligner la parenté avec les romans médiévaux et les traditions celtiques.

Et le précieux sang

Le Graal comme contenant du sang du Christ, ou saint Graal signifierait aussi Sang Réel (*Sangrail*), l'évolution du mot est ici liée au développement, à l'époque des croisades, du culte du Précieux Sang, et *mutatis mutandis*, du Sacré Cœur, etc. Origène voyait déjà dans le Cœur transpercé du Christ la source à laquelle le chrétien doit s'abreuver.

Et saint Bernard, père de l'Église, prédicateur de la seconde croisade : « *ils ont percé ses mains et ses pieds, la lance s'est enfoncée dans la poitrine ; par ces ouvertures, je puis sucer le miel sorti de la pierre, l'huile qui coule du très dur rocher, je puis goûter et voir combien le Seigneur est bon* ». *(Sermon LXI sur le Cantique des Cantiques).*

On a beaucoup glosé sur les relations que le catharisme aurait entretenu avec la mystique du Graal, thème repris de nos jours dans le fabuleux roman-fleuve de Peter Berling : *Les enfants du Graal.*

S'il y a parenté, elle doit être recherchée ailleurs comme l'a montré Michel Roquebert : du côté de l'aura de pureté qui inspire ces récits comme elle inspire la religion des Bons Hommes, ou encore dans une origine gnostique commune. Je proposerai dans quelques années une autre piste, entre les cathédrales de Le Mans, Angers et Poitiers et leurs mystères...

On le trouve encore chez les romantiques anglais, et, tout près de nous, nous voyons ce thème refleurir dans la littérature, le théâtre et le cinéma contemporains. Je renvoie le lecteur aux colloques que nous avons organisés à ce sujet depuis plus de vingt ans aux marches de l'Ouest, comme aux ouvrages de Robert Baudry.

Actualité

Antoine Fuqua : *Le roi Arthur,* 2004,
avec **Clive Owen**, **Keira Knightley**, **Ioan Gruffudd**.

La Quête du Graal procède d'une aspiration profonde, véritable melting-pot culturel, elle nous incite à accueillir avec prudence les tentatives type New Age qui tendraient à en faire un argument de consommation spectaculaire si ce n'est sectaire, reproduisant sous une forme euphémisée mais perverse l'ambition récupératrice qui fut celle des nazis, fascinés par les motifs sanguinaires. La leçon de la Quête est d'abord celle d'une libération de l'âme, d'une marche vers la Lumière, celle qui éclaire tout homme venant en ce monde (Jo 1).

Elle est pour autant plus que jamais actuelle en ses divers avatars.

La lecture du mythe nous invite à prendre en compte le Graal dans une constellation. Il apparaît toujours, dans les sources celtes et chrétiennes, dans une interdépendance avec d'autres objets sacrés : la pierre de souveraineté, la lance, l'épée, la table ronde qui vient harmoniser les contraires. Cette interaction constante, que révèle l'analyse textuelle et dont le Graal est à la fois le pivot et la source, ne peut que nous inciter à une réactualisation sans cesse renouvelée de nos connaissances car une telle quête ne saurait revêtir qu'une figure, celle de l'inachèvement car *"si on n'a vu et connu toute chose, le Gwenved demeure inaccessible"* (Le Barddas).

Le Graal et la pierre

Une autre interprétation fait ressortir la parenté entre *graal* et *calx, la pierre blanche*, chaux, ou pierre brûlante, épurante, liée à la pureté, ou encore au *calx*, le talon. En français en dérive *césure* (= taille de pierre). Les pierres taillées cultuelles renvoient ainsi au mythe du Grand Architecte de Salomon. Le Graal est aussi une pierre précieuse dans la sphère symbolique du Livre sacré, dépositaire de la tradition syncrétique, de la quintessence des religions du livre… Le *caelator* est le ciseleur et aussi l'architecte.

L'as de coupe du tarot représente ainsi une coupe-Graal s'élevant en château à sept tours. Il symbolise les sphères célestes. Le Graal est encore château voué à l'inaccessibilité.

La Pierre-Table-Livre est aussi *La Table d'Émeraude* des alchimistes et les hermétistes désignaient volontiers le Christ comme la véritable pierre philosophale et comme la véritable Pierre d'Angle. On trouve ici un lien qui unit les deux univers symboliques, celui de la constuction du temple et celui de la quête du Graal.

René Guenon propose aussi *gradale* : livre ou *graduale* (graduel). C'est le sens de la Parole perdue, de la parole originelle à retrouver, d'où la nécessité d'une Queste. Graduel, c'est aussi le *Grand Livre de la Nature* des alchimistes, le *Liber Mundi*, révélation du Monde. Dans *l'Apocalypse de Jean*, il s'identifie à L'Arbre de Vie. On est ici proche du symbolisme de la Croix et l'on retrouve, dans certaines régions, les instruments du supplice du Christ associés au Graal et à la Lance de Longin comme les symboles du Graal et de la Lance sont associés à la première parole du Coran.

À Saint Fraimbault de Lassay (de *fram baldo de laceio, le porteur de lance du lac*), dans le département de la Mayenne, on montre, à l'angle nord-est de l'église romane du lieu, autrefois église paroissiale de Lassay, une pierre tombale d'époque mérovingienne enchassée dans le mur de l'édifice, elle porte, gravés dans une pierre les signes du Graal (le calice) et du Trèfle (signe de la Sainte Trinité, en l'honneur de laquelle fut composé le *Conte du*

Graal mais encore symbole de l'un des plus célèbres « quêteurs » du Graal, Lancelot du Lac, devenu le valet de trèfle de nos jeux de cartes.

Les dynasties régnantes les plus prestigieuses, des origines de la monarchie capétienne (Hugues Capet et son épouse la reine Adélaïde) aux Plantagenêts et notamment Aliénor d'Aquitaine, vouèrent une grande piété au modeste ermite du bas Maine qui vint finir ses jours à cet endroit, rejoignant le culte que lui organisa, jusqu'aux rives du Danube, le philosophe et théologien Gerbert d'Aurillac, devenu Sylvestre II, pape de l'an Mil. Ils firent même porter ses reliques à Senlis, première capitale des rois capétiens.

C'est là qu'a commencé ma propre expérience du Graal. J'y reviens sans cesse, les deux symboles que l'on peut y voir gravés, dans la pierrre de granit que lessivent les vents d'Ouest, ne signifient-ils pas harmonisation des contraires, dépassement de la dualité, expérience du tiers, de la Trinité et de la gnose chrétienne, celle-là même qui inspira les récits arthuriens des XIIe et XIIIe siècle.

Figures mythologiques de la quête initiatique

Elle se donne encore à voir dans les figures de la quête, retenons en quelques figures mythologiques : **Lancelot, l'ermite et Sagremor.**

Lancelot du Lac et l'initiation chevaleresque : le héros ascensionnel

Lancelot du Lac, archétype de la chevalerie française au Moyen Âge, héros de la cour du roi Arthur, « *meilleur chevalier du Monde* », nous semble une bonne symbolisation de ce qui précède, comme l'est encore la figure de la Quête entreprise par ses pairs à l'instigation de Merlin l'inspiré.

Né en marche de Gaule et de Petite Bretagne, à Banvou, au Passais, fils de Ban de Banoïc et de la reine

Hélène, Lancelot a reçu en baptême le nom de Galaad, il est issu d'une lignée prestigieuse, celle de Joseph d'Arimathie, *« le gentil chevalier qui descendit Jésus de la Croix avec ses deux mains et le coucha dans le Sépulchre »* lequel conserve cette relique, précieuse entre toutes : le Saint Graal, qu'il convoie en Occident dans un lieu connu de rares initiés et où règne la lignée des rois pêcheurs qu'il a fondée. *« C'est grâce à ce fameux chevalier dont descendit le grand lignage par qui la Grande Bretagne devait être illuminée car ils y portèrent le Graal et conquirent cette terre païenne à Notre Seigneur. »* Lancelot descend d'une lignée de personnages sacrés parmi les plus prestigieuses, celle des gardiens du Graal.

J'ai décrit ailleurs, comment sa figure rencontre ici celle d'un personnage hermétique des marches armoricaines, saint Fraimbault. De la naissance de Lancelot du Lac, fils du roi Ban de Banoïc et de la reine Hélène, jusqu'à la découverte de son nom par le héros, le thème du passage est récurrent dans *Les Enfances de Lancelot du Lac*, il permet de mettre en perspective nombre de correspondances littéraires et hagiographiques avec la géographie et la mythologie locales et vient surdéterminer la quête chevaleresque du jeune héros.

Le mythe de Lancelot s'inscrit d'abord dans un espace et dans un temps mythiques qui participent de sa fondation en tant que héros des passages. Et toute quête initiatique s'inscrit dans cette problématique du passage. Après avoir évoqué la situation géographique et historique particulière où ce mythe s'est incarné dans une figure héroïque et sacrée, celle de Lancelot du Lac, les situations au cours desquelles la figure de Lancelot est associée aux rites de passage, tentons d'en tirer quelques enseignements dans l'ordre du mythe : les images du roman médiéval n'accomplissent-elles pas précisément cette fonction de passage ?

Lancelot, après ses aventures chevaleresques, affrontera le plus périlleux des passages, celui de l'Autre-Monde, passage spirituel préfiguré tout au long du roman par ses rencontres spirituelles de saints personnages. Elles culmineront dans la contemplation (pour lui incomplète) du cortège du Graal, but ultime de toute chevalerie. Mais, c'est Galaad, son fils qui achèvera sa quête.

Nous rencontrons ici la seconde figure du roman arthurien, très liée à la première, celle de l'ermite, à la fois gardien de la règle et de la fonction éducative. Pour le dire autrement, toute initiation ne suppose-t-elle pas une triple quête fonctionnant à l'activation des énergies contraires, entre régimes diurne et nocturne des images, entre positions existentielles tendant à l'élévation lumineuse, au repli de l'intimité protectrice figure de l'universel élan vital, à la fois interpersonnel et cosmique.

L'ombre propice : l'ermite et la forêt dans le roman arthurien

L'ermite occupe une position charnière dans le roman arthurien. Il se trouve toujours là au moment où le héros, après combat ou épreuves, doit passer par une période de marge, de solitude et solliciter son conseil. La figure de l'ermite est elle-même une figure du passage puisque ceux qui nous sont décrits comme prud'hommes le sont de par leur origine (ils furent autrefois de braves chevaliers qui ont choisi de fuir le monde, parfois même proches parents des chevaliers de la Table ronde). Ils donnent des conseils éclairés au chevalier avant de lui faire partager leur retraite, sise au creux d'une nature protectrice et joignent d'ailleurs à l'accueil spirituel celui des soins physiques et médicaux. En arrière-plan, se profile la figure du druide, très savant médecin, éducateur et poète, accompagnateur. Lancelot lui-même connaîtra cette mutation puisqu'il finira ses jours « *moine chantant messe* ». L'évolution du personnage indique très nettement où se situe la hiérarchie arthurienne dans son évolution, de la fonction guerrière à la fonction magico-religieuse.

L'autre rencontre spirituelle, déjà plus élaborée, a lieu au château aventureux, dans une île, celle de Pellès, le riche roi pêcheur. Avec lui, il peut aborder, même si sa contemplation lui est interdite, le mystère du Graal qui ne lui apparaîtra que voilé au milieu d'un cortège d'anges et d'une étrange procession dont on célébrait encore la mémoire au diocèse du Mans au XIIe siècle. À sa vue Lancelot « *sent ses yeux le brûler comme un brasier ardent et tombe comme mort* ». L'illumination est en effet difficile à supporter pour celui qui la reçoit, encore attaché au monde profane, celui qui n'a pas su abandonner ses métaux, car « *fer-vêtu* ».

DE LA LUMIÈRE À L'OMBRE

Deux schèmes de l'imaginaire sous-tendent de ces rencontres.

La forêt

Le premier est celui de cet espace transitionnel qu'est le milieu forestier, indispensable à l'accomplissement des aventures héroïques, auxquelles il fournit un cadre préparatoire, les tournois ayant lieu aux portes des cités. Espace de réclusion et d'initiation pour les héros en quête d'aventures, lieu de rencontres aussi avec l'Autre Monde, en certains lieux bien localisés eux-mêmes dans l'espace forestier. Il est incontestablement un topos de l'aventure chevaleresque et courtoise.

Perceval, après avoir échoué par sa niaiserie, à restaurer la virilité du riche Roi Pêcheur et à rendre la fertilité à sa terre, a essuyé de vifs reproches et, désespéré, a voyagé cinq années sans entrer dans une église. Un jour de Vendredi saint, alors qu'il erre en armes dans une forêt, **trois** chevaliers lui reprochent sa conduite et l'invitent à se rendre chez un ermite voisin au cœur de la forêt. Celui ci l'accueille, le confesse et lui demande de raconter ses aventures. Il interprète alors le récit en lui annonçant la mort de sa mère, sa propre sœur, et lui révèle que le roi gardien du Graal est son frère, puis l'ayant absous, et gardé deux jours (jusqu'à Pâques), il le renvoie dans le monde, faisant office de "passeur".

La rivière est aussi partout présente dans le roman arthurien, dès que les héros sont en quête d'aventures, elle cerne des lieux qu'elle oppose aux alentours des cités et, bien entendu, à l'espace urbain.

Espace parfaitement mythifié, dans l'*ager* tout devient possible en termes de sauvagerie: rencontre de monstres, de chevaliers pris de folie (cf. La Folie Tristan), avec l'homonymie que nous constatons entre la feuillée et la folie, comme si en rejoignant la nature sauvage, les héros arthuriens abandonnaient peu ou prou leur civilisation.

C'est vrai de Perceval, décrit comme un jeune sauvage, niais et mal dégrossi qui est fasciné en voyant les chevaliers passer en forêt, il les prend pour des anges, ça l'est encore de Lancelot élevé au fond d'un lac au milieu de la "forêt qui surpassait en beauté toutes les forêts de Gaule et de la Petite Bretagne... et s'appelait Bois en Val" (cf. le Lancelot en Prose).

La Forêt est encore dans le roman arthurien le lieu de manifestations surnaturelles et terrifiantes. Lieu délaissé de Dieu, elle hante l'imagination médiévale en y mettant en scène diverses figures de l'étrangeté : monstres, bêtes, forestiers obtus et nains difformes s'y trouvent sans cesse sur les chemins de la Quête qu'empruntent les chevaliers.

La fontaine

Un autre élément s'y trouve souvent accolé, c'est le motif de la **fontaine** dont on voit bien le lien avec la forêt.

Elle est valorisation de la quête de l'intimité, parenté recherchée par les romanciers entre le refuge des sous-bois et celui de l'eau matricielle procurant réconfort.

Hantée par les **fées,** elle apporte aux lieux fréquentés par elles, cette qualité qui est celle du *locus amoenus,* facilitant le passage dans l'Autre Monde aux humains qui viennent à s'y égarer, entreprise risquée et périlleuse qui renforce la fonction initiatique de la forêt médiévale.

Le thème de la fontaine merveilleuse est souvent présent dans le roman arthurien. Elle est aussi le repaire de *Merlin l'initié,* personnage hybride, né d'une humaine et d'un démon. Conseiller d'Arthur, il est une figure énigmatique et omniprésente et ne sera défait que par le piège auquel il s'est lui même exposé que lui tend *Viviane le fay*. Captif de la *prison d'air,* il est désormais reclus dans son amour et son étrangeté.

Héritier du légendaire celte, ce motif appartient au symbolisme lunaire et féminin, les eaux des fontaines y sont isomorphes de l'intériorité féminine (les eaux primordiales). Les fontaines sont gardées par un chevalier au service de la reine ou de la déesse dont il obtient les faveurs après avoir défait un autre chevalier en combat singulier. Le dépassement des contraires, des antagonismes, permet la renaissance dans les eaux vives du salut. Car c'est de la grande déesse, la mère nature, que provient l'énergie psychique et cosmique, qui commande aux éléments. Jung rappelait que les mots *mère, mar* (mare = mer) et *mara* (la sorcière) étaient très proches, d'où *Marie* des chrétiens.

Ce thème de la fontaine est doté d'un symbolisme très fort bien souligné et sublimé dans la légende arthurienne (la fontaine d'Yvain le Chevalier au Lion, la fontaine de l'ermite du Lancelot en prose…).

La *Quête du Graal,* fontaine mystique s'inscrit aussi dans cette problématique par isomorphisme, le Graal évoque aussi les fontaines, les entrées souterraines, les grottes rapportées en dernière analyse à la vulve de la grande déesse primitive, dispensatrice de tous les biens, de tout ce qui est à la fois nourricier, chaud, intime, doux et accueillant. Ce schème est lié à ce que Gilbert Durand appelle " *la chaude intimité de la substance* ". Le régime de l'imaginaire surdéterminé est ici le régime mystique des images, lié au féminin, à l'oralité, à la réparation, à l'euphémisation des régimes. C'est encore celui qui préside à l'épisode du philtre des amants du *Tristan et Yseut* ou de la conception de Galaad dans le *Lancelot en prose*, laquelle donnera à la Quête un nouvel héros qui achèvera les aventures du Graal.

Dans les archéo-récits comme dans les romans arthuriens, le thème de la fontaine est lié au merveilleux, à la capacité qu'elle donne aux héros de se ressourcer au sens propre. En contrepoint d'un régime chevaleresque de l'imaginaire marqué par l'héroïsme et l'ascensionnel, ce symbole vient en atténuer les effets schizomorphes pour en euphémiser les conséquences. Il est parfaitement isomorphe du thème graalique dont il constitue une version naturaliste. Ceux qui, comme nous, voyagèrent en Avalon se souviendront d'avoir contemplé la fontaine de Chalice Wells en Glastonbury. Nombre y ont trouvé viatique à poursuivre la quête entreprise en même temps que le gage du renouveau de leurs aventures.

L'ermite des romans arthuriens et sa fontaine, lien avec les séjours célestes et les fontaines, point d'accès aux séjours chtoniens, consacre au sens fort la christianisation du mythe forestier en même temps qu'il prend la relève des êtres surnaturels qui la hantent. Accomplissant la fonction qui a manqué à l'éducation chevaleresque toute tournée vers le paraître et l'héroïsme, il conduit les chevaliers à la rencontre de leur intériorité, de leur part d'ombre dans l'espace forestier qui permet ce double accès, entre l'air et les eaux.

D'UNE FONCTION À L'AUTRE, LANCELOT TRINITAIRE

Dans sa quête, trois structures de l'Imaginaire semblent pouvoir analyser ici les rapports de Lancelot du Lac avec la notion de passage initiatique :

– *Une dominante posturale ordonnée au régime héroïque* et largement *diurne* des images, entre idéalisation et antithèse, lorsque la rencontre qui le laisse parfois pantois et cruellement blessé, lui apporte gloire et réputation.

– *Une dominante copulative et dramatique*, marquée par la dialectique des antagonismes mis en œuvre au cours du roman et qui aboutit à la mise en scène, par le jeu des amours de Lancelot du Lac, du temps régressif, d'un temps hors du temps.

– *Une dominante mystique*, un ensemble de rencontres avec des personnages sacrés au cœur de Nature, au château aventureux au milieu des eaux, domaine du riche roi pêcheur viennent analyser un régime d'images nocturnes marqué par le réalisme sensoriel, prolongeant le temps de la grotte aquatique.

Trois exigences accompagnent ces rencontres, être à la fois et complémentairement : *combattant,* guerrier héroïque, *parfait amant,* totalement asservi à sa dame, *réaliste,* conjuguant les forces de la raison pour échapper à la fatalité. Elle débouche sur la mort dans l'ermitage qui réintroduit le héros dans le cycle spirituel en le faisant accéder à l'immortalité. Si Lancelot meurt « *moine chantant messe* », c'est que son initiation est achevée, il est véritablement devenu un roi-prêtre, mais, sans Guenièvre, le serait-il devenu? C'est notre histoire celle de tout homme libre et de bonnes mœurs, qui est ici signifiée.

Le héros tiers : Sagremor le Desreés, ou du bon usage de la transgression

Sagremor le Desreés (ou *le « mort de jeun »*), chevalier de la Table ronde, combattant à un contre tous, m'a toujours intrigué. Un début de sagesse venant avec l'âge, je me retrouve finalement assez bien dans cette autre figure mythique, d'ailleurs indissociable de celle de ses frères chevaliers. Personnage présent dans la plupart des romans, il se signale par son grand appétit à la bataille et par ses hauts faits mais aussi par une étrange faiblesse qui le prend parfois, oscillant sans cesse entre la démesure de sa force et la fragilité la plus étrange, quand il n'a pas à manger ; il fut surnommé de ce fait le *Mort de Jeun* ou *Mort Geun* par Keu. Héros humain s'il en est, également serviteur des dames comme il l'est du roi Arthur, il est situé, dans ses origines comme dans ses exploits, à la marge des aventures arthuriennes et ne revendique ni gloire ni honneurs pour lui-même, se contentant de la quête et des aventures. Il trouve en quelque sorte dans la seule quête la fin de sa chevalerie, et ne semble être habité par d'autre but que de combattre encore pour son roi et la cause qu'il a faite sienne. Sa figure d'ombre est le pendant de celle de ce héros lumineux qu'est Lancelot du Lac et nous renvoie à la part d'ombre décrite par C.G. Jung car « *rendre l'Ombre à notre conscience devient le but du travail maçonnique comme elle l'est de l'analyse[8]* ».

Cette figure différente (Sagremor est noir) nous renvoie au combat que nous partageons au service de l'humanité. Il reste, pour autant, inchangé et le racisme sous toutes ses formes comme l'antisémitisme qui en est la forme la plus exacerbée car niant l'idée même de personne humaine, comme on l'a vu aux heures sombres de notre histoire, doit être extirpé. Il est le combat des chevaliers du temps luttant contre le nouveau dragon puant. Aussi, devons-nous, encore et toujours, redoubler de vigilance à ce sujet, tant la « bête immonde » est prête à renaître de ses cendres sous de nouveaux habits invoquant de nouvelles croisades. Le processus de nazification des démocraties

---

8   Maxence Jean-Luc, 2004.

européennes n'a pu s'imposer que grâce à la complicité des élites conservatrices, en s'appuyant sur elles, quitte à mieux les duper ensuite. La question du négationnisme (plus présente que l'on pense dans les comportements collectifs) souvent réactualisée, y compris dans les sphères universitaires, éclaire fort utilement sur les écoles pseudo-intellectuelles qui s'avancent masquées, et, parfois là où l'on ne les attendrait pas, commettent les plus odieux des forfaits, le crime contre l'esprit, assassinant en quelque sorte une seconde fois les victimes de l'holocauste.

Les processus de l'extermination, tels qu'ils germent puis se propagent dans les sociétés modernes, font un système de l'antisémitisme qui "*réussit cette gageure de créer une question qui n'existe pas*", monstrueuse imposture, puisqu'elle traque des êtres non pour ce qu'ils ont ou font mais pour ce qu'ils sont. Ceci s'alimente encore dans les structures caractérielles de l'Autorité. Il existe un lien réel entre nazisme et désir sadique de puissance, couvert par un véritable phénomène de fausse conscience dont la version justificatrice que nous vivons dans la Modernité est la négation de la mémoire, même si, d'un point de vue existentiel, "*l'essentiel de la Shoah restera sans doute inconnu*".

J'ai montré ailleurs, étudiant l'œuvre de Wilhelm Reich[9], combien le nazisme, dans son expression politique totalitaire, est un phénomène international qui atteint

---

9 Bertin G., 2004.

tous les organismes de la société humaine dans toutes les nations du monde. Résultat d'une situation de détresse biologique des masses humaines tombées sous la coupe d'une poignée de bandits assoiffés de pouvoir, cette idéologie autoritaire n'a rien à voir avec une configuration économique de classes, elle n'est pas le reflet de sa situation sociale, et l'excitabilité émotionnelle et mystique des masses populaires qu'il provoque est, dans le processus social, d'une importance égale si ce n'est supérieure aux intérêts purement économique. "*Le juif y est une figure imaginée, produite par la croyance… satanisée*" rapportée par nombre d'auteurs à la décomposition du corps social « *base pourrie, pernicieuse, empoisonnée* » sur fond de : "*critique néo-païenne de la raison, disparition de l'histoire réelle, national chauvinisme, fétichisation aryenne, esthétisation populiste de la terre, critique de l'humanisme*".

Dans cet esprit, le fait de montrer qu'au tournant des XIIe et XIIIe siècles, les romanciers du Graal avaient créé un melting-pot culturel, lui-même reflet de sociétés multiculturelles telles la Sicile des Normands ou la principauté d'Antioche, invitant à la reconnaissance des différences sans les nier, est une matrice à laquelle je n'ai cessé de me référer. La diversité des personnages arthuriens, de leurs fonctions comme des rôles qu'ils y assument, nous y invite constamment. Leur lecture, du fait de son caractère initiatique, nous met sur la voie de la fraternité universelle.

Mieux et plus ils nous renvoient à des figures duales, voire triples qui ne cessent de nous habiter et dont rend compte le mythe joannique (les trois Jean) présent tant au cœur des problématiques médiévales que dans la symbolique de l'écossisme. Leur acccès, toutefois, ne saurait se résumer au régime mystique des images dont rend compte le thème du Graal, figure en creux s'il en est, renvoyant chacun à son intériorité. Il y faut encore, au service du progrès de l'humanité, assumer la tâche jamais achevée de la construction de son Temple et du maniement des matériaux symboliques et réels que cela suppose. Il y faut encore une certaine ascèse. C'est le prix à payer pour éviter de succomber aux images régressives car la Quête du Graal est quête célestielle et non pas sanguinaire.

Livre 2 : L'art royal et la pierre

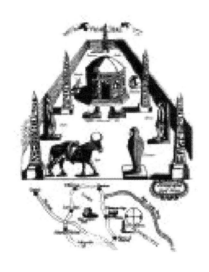

« *Le sage n'est pas celui qui discrimine, mais celui qui réunit les lambeaux de lumière, d'où qu'ils proviennent.* »
Umberto Eco, *Le Pendule de Foucault,* Paris, Grasset, 1990, p.185.

La marge :
abandonner ses métaux

Les traditions initiatiques organisent la nudité du néophyte, laissé dans un état originel avant de commencer les épreuves du passage, période de marge, de réclusion, d'où il ressortira avec un nouveau nom, une nouvelle mission, mu par un appel.

Tout un chacun se trouve un jour ou l'autre confronté au problème de cet abandon de sa vie antérieure, d'acquis, de comportements visant à la reproduction du même, de routines que l'on croyait solidement ancrés, parfois rigidifiés par l'usage.

La Franc-Maçonnerie les nomme « métaux ». Car il s'agit bien, pour le néophyte, d'abandonner ses métaux, leur valeur d'échange, la signification qui leur est portée dans le monde, les techniques qu'ils servent. Il est ainsi amené à passer de la question du dire à celle du faire, soit deux étapes de l'initiation et peut-être, dans toute vie, deux moments indissociables de la réalisation, voire deux contraires à concilier ?

« *LAISSEZ LES MÉTAUX À LA PORTE DU TEMPLE* ». Cette invitation formulée à l'égard de tout prétendant à l'initiation est commentée, dans les rituels écossais comme preuve de désintéressement et de *"renonciation à tout ce qui brille d'un éclat trompeur"*. Elle invite clairement chacun à réviser son échelle de valeurs et à adopter dans cet espace-temps sacré qu'est le Temple, comme dans la vie elle-même, une attitude orientée vers la Lumière.

Mais quels sont ces métaux qu'il faut ainsi abandonner faisant écho à l'impératif biblique qui amena Jésus à chasser les vendeurs du Temple dans un accès de sainte colère. Quelle est leur signification symbolique ? En quoi le métal contreviendrait-il au processus d'initiation ? Sur quelle symbolique est-elle fondée en ce cas précis ? N'entre-t-il pas dans les outils qui sont proposés à l'apprenti de constitution métallique ?

Dérivé du grec *metallon,* le mot métal est rapproché par René Alleau de la racine *mé* ou *més* = le nom le plus ancien donné à la Lune. Il semble inaugurer pour l'homme un âge adonné aux découvertes techniques, à la maîtrise des éléments, à leur soumission aux lois de l'homme triomphant de la nature.

De fait, le symbolisme des métaux comporte une signification ambivalente, mais n'en est-il pas de même de tout symbolisme ?

On peut, en effet comprendre ce symbolisme sous un double sens :

a)– maléfique, car lié aux forces infernales, à l'origine même des minerais, le feu de la forge est alors mis en rapport avec le feu souterrain, de ce fait les forgerons sont souvent classés à part, voire exclus des communautés, et l'interdit qui frappe les métaux du fait de leur aspect impur se retrouve dans les autels hébreux. De même l'usage des outils métalliques était interdit dans la construction du Temple de Salomon. Cet interdit ne porterait en fait que sur le fer, vil métal, ainsi que l'indique la hiérarchie chère à René Guénon des quatre YUGA : âges d'or, d'argent, d'airain et de fer en rapport avec le durcissement progressif des âges du monde[10].

On se souvient des qualificatifs qui caractérisaient les romans de JRR Tolkien et caractérisent encore dans l'imagerie de notre époque, récemment réactualisée dans les films de Peter Jackson *Le Seigneur des anneaux*, les hordes de fer, les guerriers à la croix de fer, participant à l'évidence de ce régime des images, de cette symbolique guerrière initiant la sauvagerie et la barbarie modernes et l'on peut se demander si la modernité, à bien y réfléchir, n'en est pas l'héritière ?

b)– bénéfique car fondé sur la transmutation, la purification (tirer le souffle) et la fonction cosmologique de l'action de transformation. Là, les forgerons en retirent prestige, rôle social capital ; ce qui fait que leurs confréries ont pu servir de support à des organisations initiatiques traditionnelles.

---

10 Guénon René, 1970.

On trouve la conciliation de ces contraires dans l'œuvre des alchimistes pour lesquels l'alliage des métaux est alliance et les métaux substances vivantes et sexuées. Car, s'agit-il de se dépouiller des influx métalliques planétaires ou de les intégrer dans le plan cosmique ? Le sens primitif du mot *Mé = la Lune* semble éclairer ce dernier sens : la reine Ishtar, Séléné, la Lune, ne serait-ce pas la déesse primitive, la fée aux larges flancs, la déesse mère de toute civilisation dont nous ne serions que les fils amants ?

Pour Mircea Eliade, le symbolisme et les rites qui accompagnent l'œuvre métallurgique mettent l'accent sur l'idée universellement répandue que les métaux poussent dans le ventre de la Terre. Les métaux sont extraits de ses entrailles sacrées et les symbolisme de la Caverne et de la Mine se réfèrent implicitement à celui de la Déesse Terre Mère (c'est d'ailleurs le sens même du mot *Delphes* qui signifie *utérus* d'où l'importance accordée dans les rituels initiatiques de l'Art royal à la symbolique du delta, du triangle). On aboutit ainsi à une sexualisation du monde minéral et des outils et la solidarité symbolique s'établit entre opérations métalliques et gynéco-obstétriques. D'où, se dépouiller de ses métaux équivaudrait, – dans un monde qui privilégie l'héroïsme, la technique, le concret, le réalisme, toutes valeurs connotées comme masculines, solaires, ascensionnelles –, à nous inviter à explorer l'autre part de nous-mêmes, ce soleil noir dont nous négligeons trop souvent la culture, cette « part d'ombre » chère à Jung, soit l'inconscient qui travaille en nous, individuel et collectif. L'ombre contient les désirs qui, plus faibles, demeurent hors de la conscience. Elle organise et réunit ce qui est réprimé par la *persona* (considéré comme négatif), et encore ce qui est déprécié par la *persona* (sans valeur en relation avec son individualité, ex.: une aptitude artistique non cultivée qui demeure primitive, dans l'ombre de la *persona*…), ce qui n'a pas été choisi parmi les possibilités du tempérament (un individu introverti et réflexif dans sa *persona* est extraverti et sentimental dans son ombre). Et Jung ajoutait : « *nul ne peut réaliser l'ombre sans un déploiement considérable de fermeté morale* », acte fondamental au cœur du processus de connaissance de soi.

MAIS QUEL EST LE RÔLE DE L'HOMME, DANS CE PLAN ?

L'homme, utilisant les métaux, collabore activement à l'œuvre de la Nature, il devient capable, par son travail, de se substituer à l'œuvre de la nature. Dans toute construction, il reproduit le modèle démiurgique car il fabrique des objets à partir de la matière vivante chtonienne. Il peut ainsi intervenir dans le rythme naturel cosmique, anticiper, précipiter, assumer l'œuvre du temps.

Cornélius Castoriadis, se plaçant sur un plan tout à fait opératoire, voit dans le *teukhein* (τευκειν) l'un des aspects fondamentaux du processus humain, de la mise en œuvre d'un imaginaire créateur.

La progression d'un individu, au sein d'une société initiatique, est bien évidemment élaborée à partir des données somato-psychiques de façon appropriée à la vie, à sa vie dans cette société et en fonction de la place qu'ils y auront. Le *teukhein* initiatique prend, de ce fait, un caractère d'universalité, l'outil étant posé comme relation de finalité, comme forme à partir de ce qu'il n'est pas et à partir de ce qu'il peut faire être.

La réalité est non seulement ce qui résiste mais encore ce qui peut être transformé, ce qui permet de le faire, elle instaure une nouvelle division.

Outre celles de être et non-être, valoir/non-valoir instaurées par le verbe, par les mots, voici une autre dimension tout autant indispensable au processus d'initiation, de réalisation personnelle et collective, celle du possible/impossible, du faisable/non-faisable. Alors que les mots disaient le possible et l'impossible, le faire nous dit ce qui a été posé et fait.

Il assigne la fin comme visée et incarne la dimension identitaire/ensembliste du faire social. Ainsi, comme on devrait disposer du langage pour pouvoir l'instaurer, on devrait déjà disposer du technique pour pouvoir l'inventer. Rien d'étonnant, souligne Castoriadis, à ce que, dans les mythes, ce soit Prométhée qui donne aux mortels les techniques après que celles-ci ont été la possession exclusive des dieux.

On peut même dire que tel homme a inventé telle techné (*tekne*) mais dire qu'un homme ou que les hommes ont inventé la techné paraît absurde puisque rendre compte de cette invention exigerait de remonter au-delà d'elle tout en continuant à la présupposer. Dans l'histoire, la manifestation du *teukhein*, celle de l'assembler/ ajuster/construire (Castoriadis) se manifeste dans l'institution elle-même. Telles sont les *techné*s au sens large du terme :

techniques productives ou sexuelles, magiques ou politiques, d'organisation des hommes ou du discours, du corps ou de l'intelligence, de l'expression artistique ou de la guerre.

Nous avons retrouvé là, sur cette question du rapport de l'homme à la technique, l'idée d'Eliade estimant que l'homme assume l'œuvre du Temps et transmute la pierre philosophale ou le cosmos. Forgerons et chamans sont maîtres du feu, héros, rois mythiques fondateurs, leur chaleur magique est garante de leur capacité à exercer les métiers sacrés, fait d'eux des initiés. Les travailleurs des métaux sont toujours des groupes à part, des êtres mystérieux isolés de la communauté (ce qui permet de comprendre la notion de société secrète dans un sens initiatique).

Les forgerons, maîtres des métaux, disposent d'un pouvoir très important, indissociable de l'exercice de la divinité. Ils participent de la première fonction soulignée par Castoriadis : séparer les éléments (ici ceux d'en haut et ceux d'en bas). De fait, la pratique des métaux va signaler la capacité de l'homme à seconder les dieux dans leur plan. Le forgeron est encore l'Architecte et l'artisan des dieux. Nous sommes les forgerons, les artisans opératifs de nos existences comme l'art du forgeron est assimilé à celui du chamane : sacralité du métal, pierre de foudre, d'ouragan, arme magique, qui donne à qui la possède la connaissance des secrets occultes, ceux de la fabrication et ceux des constructeurs.

Un récit populaire christique, rapporté par Eliade, confirme cette interprétation : le Christ y est maréchal-ferrant, il guérit les malades en les chauffant au feu de sa forge et en les forgeant dans son enclume. Quelqu'un, qui essaie de répéter le miracle, échoue et c'est le Christ qui, arrivant, ressuscite la victime de ses os et de ses cendres (l'on voit poindre le rite de purification). Sur sa forge une enseigne : *"ici demeure le maître des maîtres"*. Quand l'homme bouscule le rythme des maturations chtoniennes, il se substitue au temps, c'est également le cas de l'alchimiste, mais gare à ne pas se méprendre ou mal interpréter l'ordre du temps, celui de la Nature, ce qui serait le fait du non-initié. Les filons des métaux sont en relation avec les points cardinaux :

– l'argent pousse sous l'influence de la Lune,
– l'or sous celle du Soleil.

Et, si rien n'entrave leur gestation, tous les métaux deviennent de l'or.

« *Laisser les métaux à la porte* » signifie ne pas faire entrer des métaux vils, ceux dont on a interrompu, par ignorance, la maturation. Le métal sur lequel s'exerce l'action du Soleil et de la Lune, c'est l'initié, mais cela exige de la maturation. Il doit séjourner longtemps au sein de la Terre, de la caverne, car l'or n'est fruit noble qu'à sa maturité.

Grâce aux opérations alchimiques, homologables aux tortures, à la mort et à la résurrection, à l'initiation, la substance est transmuée, c'est-à-dire, obtient un mode d'être transcendantal, elle devient de l'or, symbole d'immortalité. La transmutation alchimique équivaut à la perfection de la matière, à sa rédemption. La transposition au plan personnel est facile : c'est à ce prix, et à ce prix seulement, que la vie de la matière acquiert une dimension spirituelle. La torture des métaux signifie que les corps morts doivent être torturés (c'est ce que nous enseigne l'exemple christique susmentionné) par le feu et par les arts de la souffrance (ce qui permet de comprendre les tortures réelles ou symboliques auxquelles sont soumis les impétrants dans les processus initiatiques). Au terme se trouve la pierre philosophale, la pierre angulaire, laquelle pour Zosime est *"une pierre qui n'est pas une pierre, chose précieuse qui n'a pas de valeur, objet d'innombrables formes qui n'a pas de forme, inconnu connu de tous* (Marcelin Berthelot)".

Chaque initié doit s'employer à mieux collaborer au perfectionnement de la matière non pas d'une matière extérieure mais de la sienne propre, à tenter de devenir maître du feu, à précipiter son rythme temporel, à se substituer au temps, à se transmuer afin de transformer en soi sa nature sacrée, susceptible d'être hiérophanisée. Tout comme le Christ a racheté l'humanité par sa mort et sa résurrection, l'*œuvre au noir* peut assumer la rédemption de la nature en permettant à l'adepte d'appréhender les secrets de la Terre. Telle est la leçon de l'hermétisme. Notre esprit, comme matière, est ainsi fait de cela même avec lequel le monde a été créé et nous devons retrouver le sagesse symbolique du *solve et coagula* des alchimistes, au-delà des dénonciations des dysfonctionnements psychologiques et sociaux qui affectent l'homme moderne , renouer avec une *« circulation continuelle de la matière dans le vase de la nature »*, comme le dit encore Hermès Trismégiste, ou encore comme Reich, lequel jusque dans son testament, rappellait avoir découvert l'énergie première de l'univers, océanique et cosmique, l'énergie vitale.

Certes, l'esprit a conquis et transformé le monde, imposé sa loi du progrès infini, mais n'a-t-il pas sacrifié le meilleur de son âme ? En sécularisant le travail pour faire mieux et plus vite que Nature, n'a-t-il pas éliminé la dimension liturgique qui rendait le travail supportable ? Ainsi, la désacralisation du travail constitue une place vide dans le corps des sociétés modernes.

Métaux vils, les choses nous assaillent, ne nous laissent guère de répit jusqu'à ce que nous réintégrions notre berceau chtonien, lieu de gestation de tous les métaux.

On le voit cette première exigence manifestée, dans les rituels écossais auprès de tout candidat aux mystères de l'Art royal, avant même son entrée en loge, doit d'être vécue comme une véritable construction, car l'initié travaille d'abord à polir sa pierre intérieure, travail inachevé qui est aussi une ascèse.

La pierre et le temple

Les Antiquités judaïques de l'écrivain juif Flavius Josèphe (37-100) retracent, en vingt livres, l'histoire de la construction du Temple de Jérusalem par le roi Salomon : « *Le Temple au temps de Jésus-Christ, reproduisait, dans son ensemble, les dispositions de l'ancien Temple construit par Salomon. Assis sur trois terrasses étagées, entouré d'un mur d'enceinte orné de pilastres et flanqué de tours massives qui en faisaient une inexpugnable forteresse, avec ses superbes galeries et ses somptueux portiques, soutenus par une forêt de colonnes de marbre blanc d'un seul bloc, avec ses vastes parvis et ses splendides édifices. Le Temple de Jérusalem était vraiment l'une des merveilles du monde... Rien ne manquait à son aspect, pour étonner l'âme et les yeux. »*

Comme l'a montré Gilbert Durand, le mythe de la construction du temple de Jérusalem par Salomon et Hiram, son architecte, symbolise le corps du Christ (*détruisez ce temple et en trois jours je le rebâtirai*) axe majeur de la symbolique de l'Art royal.

Ainsi les représentations du Temple foisonnent depuis le XVIIIe siècle, âge d'or de la Franc-Maçonnerie, et en font le modèle archétype et même architectural de nombre d'édifices modernes, néo-classiques etc. L'Escorial de Madrid en est un des exemples les plus connus. S'y mêlent reconstitutions hébraïsantes et architecture palladienne avec les modèles de l'antiquité romaine. La chapelle de Rosslyn, en Écosse, reproduit également fidèlement les proportions du temple de Jérusalem.

Des pierres abandonnées par Gargantua dans nos paysages aux travaux salomoniens, le motif de la pierre, qui vient se subsumer en la personne du premier chef de l'Église de Rome lequel s'appelle justement Pierre, est lié au champ rituélique de la pierre sacrificielle. Il manifeste une intention profonde de ne pas s'écarter de la condition temporelle mais de s'intégrer au temps après une période de marge et de séparation.

Dans la mythologie celtique, le motif de la pierre est aussi symbole de la souveraineté magico-religieuse. Ainsi en Irlande, la pierre sacrée de Fal se mettait à crier quand le vrai roi la touchait. Cette pierre du savoir se trouvait sur la colline de Tara et était traditionnellement le phallus du héros Fergus. Les pierres sacrées d'Irlande servaient aussi de trône aux cérémonies du couronnement royal.

Il faut sans doute chercher dans ce symbolisme, repris dans les rituels écossais, le signe de l'intégration du maçon dans la cité et de sa volonté de faire œuvre utile en entrant dans l'espace sacré du Temple, d'où l'injonction qui le conduit à polir sa pierre dans le rituel entourant les premiers travaux d'apprenti. Ce faisant, il participe, par l'euphémisation du sacrifice, au cycle de la création, faisant de l'épreuve (la marge, l'abandon) un signe positif dont il va tirer un bénéfice personnel et social. Il participe de la souveraineté qui est l'apanage des initiés, et d'abord de cette souveraineté qu'il doit s'imposer à lui-même.

Les récits de christianisation des peuples de l'Ouest reprennent à l'envie le schème du saint fondateur – tel saint Patrick en Irlande – détruisant les menhirs supposés lieux de cultes païens. Certaines d'entre elles, pierres de fécondité, jouissaient de pouvoirs particuliers sur les récoltes ou les femmes stériles. On trouvait encore des pierres rondes soigneusement conservées par les populations et qui leur servaient à pronostiquer l'avenir. Les unes et les autres étaient en rapport avec le Temps qui passe, le destin, la divinité qui peut hâter ou inverser le cours des choses. Les rites qui les accompagnaient avaient pour but de rassurer l'homme dans sa volonté de maîtrise sur les choses, professant que la foi est capable de dominer la nature, pourvu que l'on se plaçât au bon endroit et que l'on mobilisât les forces *ad hoc.*

Pierre et Graal sont deux images fortes et en interaction constante, d'abord, du côté de nos désirs, parce que liées indissolublement à nos cheminements ; entrées obligées dans le monde du sacré, ce sont des images à forte charge initiatique, l'une et l'autre m'ont accompagné, depuis quarante ans, sur les chemins de l'initiation.

La pierre, dans la symbolique chrétienne, peut, comme le fait remarquer Gilbert Durand, être distinguée au travers de figures dans lesquelles elle s'épiphanise : pierre non taillée, androgyne, pierre carrée féminoïde, pierre levée masculine laquelle se retrouve dans l'obélisque ou le clocher de l'église surmonté du coq de l'aurore, elle redonde encore avec le nom du géant divin et solaire du folklore français : Gargantua, (racine *Kar* ou *Kad*) et, selon Le Scouezec, dans Arthur, (le roi) qui tient son nom du *an Arzhou* breton qui signifie « la colline aux pierres », variante du breton *Arzh*, issu de la racine celtique irlandaise *ART*, la pierre, et proche du gaélique *artan,* le galet, qui a contaminé nombre des lieux de la souveraineté magico-religieuse signalés par les pierres levées, le « *corps d'Arthur* », dans l'espace celtique, s'appliquant à des citadelles de pierre et trouvant leur projection céleste dans la Grande Ourse, (ou le Grand Guerrier). Il y a ainsi redondance entre le lieu et le nom du héros souverain, et

Gwench'lan Le Scouezec, se fondant sur des études étymologiques, nous indique que cette dénomination archétypale s'applique aux ancêtres pouvant s'offrir un corps dans le paysage après leur mort (les pierres levées). Elle serait à l'origine de la légende de *Gargantua*, dresseur de menhirs dans l'imaginaire populaire, proche du dieu gaulois *Sukelos*, le « bon frappeur ». L'un et l'autre sont des êtres de l'Autre Monde en relation avec la pierre.

On voit à quel point ce schème est isomorphe de celui du Graal, dans sa version d'émeraude tombée du ciel, *lapis exilis, lapis philosophorum*... Comme les pierres de foudre, elle participe de la sacralité ouranienne, symbole universel de la libération de la matière brute.

Cette théorie, dans laquellle s'exprime un imaginaire de la complémentarité, nous la partageons avec les alchimistes qui les associaient dans la dialectique contenant / contenu. L'épithète de la pierre « *exilis* » la condamne à être foulée aux pieds par les passants, elle est encore en lien avec le tombeau du Christ, fermé par la même pierre, qui sert d'autel. Ainsi, les prêtres catholiques romains ne doivent pas célébrer une messe sans avoir posé une pierre d'autel sur la table de la Cène consacrée par des reliques.

C'est au symbolisme de la pierre parfaite ou pierre unique que renvoie cette image, celle d'une forme unique, qui la différencie des autres, car elle ne peut trouver sa place au cours de la construction et même les constructeurs, qui l'ont rejetée, ne peuvent comprendre sa destination. S'ils la comprenaient, il est évident qu'ils ne la rejetteraient pas, se contentant de la réserver jusqu'à la fin. D'abord éliminée par la multitude, elle fait savoir à l'initié qu'il faut avoir été rejeté pour être retrouvé par ceux qui finalement reconnaissent leur erreur, car sa destination ne peut être comprise que par ceux qui sont « *passés de l'équerre au compas* », c'est-à-dire qui ont suffisamment progressé, dans l'ordre de la connaissance, pour avoir évolué de la compréhension de la forme carrée à la forme circulaire, soit des choses terrestres aux choses célestes (Mainguy). Elle apprend au maçon écossais qu'il se trouve en position de médiation entre terre et ciel, ce qui est le propre de la figure hermétique, et l'on se souvient que le dieu Hermès, lui même fils de Zeus (le lumineux) et de Maia (la souterraine), circule sans cesse entre les cimes de l'Olympe et l'Hadès.

Chaque initié reçoit ainsi une mission divine qui le conduit à faire lien, à « *rassembler ce qui est épars* ». Parti de la terre, assimilé à une pierre vivante, brute, qu'il va s'efforcer de tailler, il trouvera, comme la clef d'arc, sa place dans le temple en devenant la pierre d'achèvement, son couronnement au sommet de l'édifice. Il représentera le point oméga de la construction, ainsi préparé aux états supérieurs de l'être, figure christique pour la tradition chrétienne et l'on sait ce que les maçons doivent aux compagnons, eux-mêmes héritiers du Saint Devoir de Dieu des Templiers.

Ce symbolisme se trouve encore dans les caractéristiques de la pierre cubique à pointe, laquelle, dans sa structure, reflète les impératifs paradoxaux de la dynamique (le triangle) et de la stabilité (le carré), leur somme constituant le septénaire de la réalisation initiatique. La pierre angulaire ne peut être placée que de l'extérieur de la voûte, en se plaçant au-dessus du plan terrestre. Construire le temple, c'est se réaliser soi-même pour contempler le ciel dans l'édifice aux mesures harmoniques et dont toutes les pierres tiennent ensemble, c'est atteindre le centre du monde.

Car, dit le prophète, « *voici que je mettrai pour fondement une pierre de Sion, une pierre éprouvée, une pierre angulaire et précieuse pour être un fondement solide, celui qui croira ne sera point confus et je mettrai le jugement à l'équerre et la justice au niveau* » (Esaïe, 27-16).

La pierre cubique à pointe est encore symbole de la pierre philosophale des alchimistes, la pierre au rouge, laquelle contient l'enfant des époux royaux, le Soleil et la Lune, le soufre et le mercure. Comme le phénix renaît de ses cendres, grâce aux cuissons successives, la pierre renaît plus pure, sublime la matière (l'or philosophal), sublimation symbolisée par l'Aigle, l'oiseau d'Hermès.

Née d'une terre vierge, la pierre des bâtisseurs du Temple évoque la pérennité, car temples et cathédrales doivent être réalisés en pierre pour durer, résister au Temps, et unir les êtres.

Une des plus belles illustrations de ce symbolisme nous est fourni à Vézelay, haut lieu de la spiritualité occidentale. Le portail central offre, en son tympan, une scène d'une haute portée métaphysique, celle de la transmission de l'esprit et de la connaissance à travers la hiérarchie chrétienne. L'élément primordial en est le triangle équilatéral associé aux propriétés du nombre d'or. Au centre se trouve la pierre parfaite, dont la hauteur équivaut à celle du triangle et la largeur est la base même de ce même triangle. Une partie en est cachée. Lorsque l'on ajoute son épaisseur à celle qui est visible, on obtient la pierre cubique du Temple de Jérusalem. Taillée, elle est devenue la pierre de fondation symbolisant le Christ, ou Homme carré, invariable milieu.

Étonnante succession des arcanes de la transmission initiatique, d'une religion à l'autre...

Cette référence à l'homme carré nous conduit naturellement à l'usage de la règle et de l'équerre, outils dont les bâtisseurs usent pour maîtriser la matière, en rendre les éléments solidaires, et l'on entendra ici le mot de règle dans sa double acception d'outil de rectitude et de système de prescriptions, l'un renvoyant invariablement à l'autre.

Ces prescriptions forment le cadre d'une recherche ne pouvant être vécue que comme un impérieux devoir sous-tendu par une « ascèse », mais encore faut-il s'entendre sur ce mot.

Le renoncement,
ascèse et chemins de vie

"Au commencement était le Verbe, et le Verbe était avec Dieu, et le Verbe était Dieu. Tout fut par lui et sans lui rien ne fut. De tout être il était la vie et la vie était la Lumière des hommes et la lumière luit dans les ténèbres et les ténèbres ne l'ont pas reçue (...) le Verbe était la Lumière véritable qui éclaire tout homme venant en ce monde."

Saint Jean I-1.

Dans l'acception relevée par la plupart des dictionnaires, les mots sage et ascète appartiennent au même bassin sémantique dans la mesure où l'ascèse est définie comme "*l'exercice de la volonté auquel on se soumet, un but éthique et spirituel et qui consiste à combattre en soi toute tendance à la jouissance et à l'égocentrisme*"[11]. D'où l'ascète sera celui qui "*cherchera à accomplir un progrès spirituel par une vie austère, exempte de plaisirs matériels et par extension celui qui mène une vie frugale et continente*". La sagesse lui est en quelque sorte donnée par surcroît, elle est consubstantielle à l'ascèse, au renoncement.

Pour les sages soufis, elle consiste à entraîner l'âme à faire sien ce qui est vrai par abandon du désir.

Dans l'histoire, les ascètes ont souvent été assimilés aux moines, ayant pour corollaire une vie de contemplation et de prière continuelle hors du monde profane, de mysticisme. Ils s'astreignent ainsi à des travaux manuels

---

11 Dictionnaire Hachette Multimedia, 2001.

ou intellectuels qui les aident dans leur méditation. Ceci est souvent peu accessible à l'homme ordinaire. « *Pourquoi ne devenons nous pas sages,* écrivait maître Eckhart, *"parce qu'il faut que l'homme traverse et outrepasse toute chose et la cause de toutes choses et cela commence à chagriner l'homme"* (sermon 10) car l'homme a beaucoup de mal à ne faire qu'un avec la sagesse. On voit ici que l'ascèse est la voie qui permettrait de s'approcher de la sagesse, du divin.

Pour les chrétiens, l'effort d'ascèse comprend deux aspects, l'un négatif (mortification, jeûne, renoncement) et l'autre positif (trouver la maîtrise de soi pour affirmer les vertus propres aux disciples du Christ), car il n'est de vrai chrétien que fort et l'on n'est fort que si l'on lutte, les chrétiens sont invités à se saisir *"de l'armure de Dieu, du bouclier de la foi, du casque du salut* (saint Paul)". L'ascèse est ici un combat sur soi et contre la dispersion, elle est fondamentale pour former la volonté et accepter le plan de Dieu sur soi.

L'ascèse chrétienne est d'abord *voie purgative* qui a pour but d'arracher l'âme à la séduction des biens du sensible, à la détacher des liens de la chair et du monde, pour l'*élever* du plan de la chute au plan créatif, ce changement de plan s'effectuant généralement par ce que les mystiques appellent une *nuit* (tel Saint Jean de la Croix). Alors l'ascète peut accéder à la *voie illuminative* par la pratique de l'oraison, de la méditation, vers la contemplation. *"Cherchez et vous trouverez,* dit le Seigneur, *frappez et on vous ouvrira»* (Matthieu 7), au bout du chemin, le sage chrétien accède à la contemplation ou élévation de l'âme suspendue en Dieu.

Pour le sage persan Nur Ali Elahi, la voie de la mortification, de l'abstinence n'est pas la condition absolue de l'ascèse, pour lui, l'homme doit d'abord briser son soi impérieux par la force de la volonté et de l'intellect céleste. La vraie ascèse est toute intérieure, elle consiste à contrôler sa pensée, ses yeux, ses oreilles, sa langue tout en vivant en société.[12]

Nous voici avec deux voies de l'ascèse qui semblent différentes,
- d'un côté le renoncement, la mortification de la chair, la mise à l'écart du monde, *le contemptus mundi*,
- de l'autre un état plus intérieur qui consiste certes à maîtriser le soi, mais n'entraîne pas la mise à l'écart du monde, ascèse positive dirions-nous, fondée sur l'amour de la vie.

Maître Eckart précisait d'ailleurs lui-même que la liberté à l'égard des créatures, laquelle caractérise l'homme juste, ne s'obtient pas au terme d'un parcours d'ascèse qui rendrait disponible à la survenue de Dieu, mais exprimerait l'accord de toutes les puissances corporelles et spirituelles à ce qui fait le fondement de l'homme : son égalité avec Dieu.

Alors, pour le sage, la voie de l'ascèse est-elle à rechercher du côté du renoncement à la chair ou doit-elle mobiliser l'être dans sa totalité, corps et âme ?

---

12 Barhom Elahi, 1998.

Les grands mystiques, rappelait Georges Bataille, mobilisent souvent leur être entier, y compris sexuel dans la voie ascétique. La contemplation de la Pieta de Michel-Ange à l'entrée de la basilique Saint-Pierre de Rome suffit à nous en convaincre, l'extase mystique y est représentée sous les formes de la jouissance la plus érotique et les écrits d'une Thérèse de Lisieux ou d'une Thérèse d'Avila évoquant leurs expériences mystiques viennent aussi nous le rappeler.

Georges Bataille avait étudié ainsi les œuvres et la vie de sainte Angèle de Foligno, mystique italienne de la fin du XIIIe siècle. Mondaine devenue ascète vers quarante ans, après la mort de toute sa famille, elle connut une vie de larmes, de visions et de tentations étranges et ressentit un jour un tel feu intérieur qu'elle se dépouilla de ses vêtements et s'offrant nue au Christ crucifié, lui promit de garder la chasteté. Pour Bataille tout était là réuni du processus ascétique : péché, sacrifice, amour, tentation, angoisse et recherche du dialogue divin dans le Christ. Comme Teilhard de Chardin, il pensait qu'il faut avoir ressenti toutes les exigences de la chair pour être capable de rencontrer celles de l'esprit, estimant que, dans cette voie, l'impuissant n'avait aucun mérite et de rappeler les exercices des jésuites lesquels après un long et rigoureux travail doivent se dénuder face au sensible et se désapproprier face au spirituel. Et de conclure : les chrétiens vivent dans la crainte du péché et n'y échappent que dans l'extase.

Les systèmes de la sexualité et de la mystique en tant que puissance de symbolisation ne diffèrent pas et la sagesse consiste à accueillir en soi le langage du corps comme lieu d'expression de celui de l'esprit.

Les hindous, par la voie du tantrisme, savent provoquer une crise mystique à l'aide d'une excitation sexuelle. En choisissant une partenaire appropriée, jeune et belle, et d'une spiritualité élevée, ils en viennent, en évitant toujours le spasme final, à passer de l'étreinte charnelle à l'extase spirituelle. Faut-il y voir la forme la plus achevée de l'ascèse, telle que nous la définissons, comme pratique conduisant à l'harmonie ?

Pour l'Oriental plus holistique, l'érotisme peut être la voie d'excellence pour y parvenir, puisqu'il s'agit de dépasser le corps et le moi en l'incorporant.

Contre l'idéal ascétique de la morale chrétienne, contre l'idéal économique de la morale capitaliste, utilisant la contrainte, Bataille propose une éthique de la souveraineté qui s'accorde à cette part maudite et à ses composantes dionysiaques. *"Mon principe, écrit-il, est que l'extrême est accessible par excès et non par défaut. Si l'ascèse est un sacrifice, elle l'est seulement de la part de soi-même que l'on perd en vue de sauver l'autre. Mais que l'on veuille se perdre, tout entier, cela ne se peut qu'à partir d'un mouvement de bacchanale, d'aucune façon à froid"...*

On a pu également rapprocher les exigences ascétiques du sacrifice, lequel marque une intention profonde de s'intégrer au temps et de participer au cycle des créations et destructions cosmiques.

L'ascétisme au fond nous renvoie à deux attitudes devant le temps et par conséquent devant la mort, donc deux formes de sagesse, l'une, voie occidentale, en faisant de l'ascète un manipulateur du destin, vise à nier presque magiquement les pesanteurs de la chair et à les dominer, dans un mouvement ascensionnel dramatisé par les représentations qui ont cours sur l'ascétisme et l'autre, voie orientale, plus proche du tragique, incorpore l'expérience de l'ascète au cœur de la vie elle-même et l'ascétisme devient une meta érotique qui vise à l'harmonisation des contraires dans le rythme qui les constitue comme complémentaires.

L'ascète oriental participe de cette réflexion exprimée par Nur Ali Elahi qui vise à considérer le corps comme champ d'expérience de l'âme. Et, de fait, nous ne prenons conscience de l'étendue de notre âme que lorsque nous approchons de la perfection. Le corps est le réceptacle du soi impérieux et de l'âme angélique. L'âme communique ainsi avec le corps et le maintient en vie ; en contrepartie, elle trouve dans le corps les éléments qui lui manquent. C'est cette expérience là que vit l'ascète "opératif" dans sa recherche instrumentée de ce point d'équilibre.

Si le corps est la matière brute que nous avons à travailler, avec art, pour l'assouplir et tendre à l'harmonie, c'est autant dans la représentation du tragique qui nous habite tous que cela peut advenir que dans la mise à l'écart prônée par les mystiques de la voie purgative à force d'exercices visant à transformer l'homme du dedans.

Sagesse, Force et Beauté sont, dans les rituels maçonniques, présentées en interaction constante, ainsi l'étaient, dans les Triades druidiques de l'Ile de Bretagne, Connaissance, Désir et Force, comme victoires sur le

principe d'anéantissement (Ambelain). C'est de la prise en compte de cet équilibre jamais achevé que peut advenir une réelle communication entre les niveaux de l'être. Car il est trois choses qui sont sans cesse en croissance dans l'univers. Ce sont :
– *La Force ou Lumière divine,*
– *La Conscience ou Vérité,*
– *L'Âme vivante ou Vie.*

Ceci nous amène à poser, avec le sage persan, la question du Mal. Certes en nous des forces ténébreuses tentent de nous dévier de la route que nous avons choisie. Les diables sont mauvais en nous s'ils nous dominent, mais ils ne sont pas mauvais par création et, sans ces forces, il n'y aurait pas de lutte et, sans lutte, pas de perfectionnement, ni pour nous, ni pour eux. Car l'âme ne prend conscience du sens des choses qu'à travers les phénomènes et les contraires, dans une dynamique non dans une statique. Tant que l'âme angélique, écrit encore Nur Ali Elahi, ne prend pas l'habit humain terrestre, elle n'aura pas conscience de la spiritualité.

C'est exactement ce à quoi convie l'ascèse maçonnique telle que la consignait, en 1788, le frère Nicolas de Bonneville écrivant à la respectable loge La Réunion des Étrangers à l'Orient de Paris, son traité de Maçonnerie *écossoise:* "O mes frères, n'oublions pas qu'il nous faut être homme avant d'être prêtre ou soldat" et encore "*il n'y a rien de divin là ou il n'y a rien d'humain.*"

Ceci nous engage non à rechercher l'ascèse dans des lieux éthérés et dépourvus de toute implication humaine mais bien plutôt, dans ce que maître Eckhart appelait *le travail en toutes choses* : *"travaille en toutes choses,* écrivait-il dans son sermon 30, *c'est-à-dire, là ou tu te trouves engagé en de multiples choses et ailleurs qu'en un être nu simple et limpide, fais en sorte que ce soit pour toi un travail, c'est-à-dire, travaille en toutes choses, accomplis ton service..."* Ceci avait pour lui deux sens, s'approprier par là à Dieu et d'autre part diriger toute son œuvre vers Dieu. Mais pour comprendre cela, précisait-il, et c'est le sens même de l'ascèse maçonnique, *"il faut être très détaché et élevé au-dessus de toutes choses"*. Car la voie de cette perfection recèle la quintessence des religions et les vérités de l'ésotérisme et au-delà... On voit déjà que les préoccupations de la très grande majorité de ceux qui ont choisi l'idéal maçonnique se trouvent aux antipodes d'une vaine recherche de ridicules pouvoirs si contingents dans la finance, les médias, la police, ou la politique tels que nous les présente parfois une presse aussi indigente dans ses analyses que courte dans ses vues.

Ce chemin de l'ascèse, d'abord manifesté par la période de silence à laquelle tout nouvel apprenti se soumet, est, dans le rite écossais, propédeutique à ce qui est nommé « **la voie symbolique ou *initiation*** ».

Entre silence et parole, cette voie est souvent vécue comme paradoxe. Aussi, il est parfois bien audacieux de tenter de trouver les mots pour la dire...

L'initiation : s'initier et être initié, une exigence d'individuation

« *Quand l'homme approfondit son intériorité vers plus de vacuité, il conjoint sa connaissance à plus de divinité... Dans l'homme, la divinité est une particularité qui donne sens à la vie de chacun, essentielle et permanente, conjecture fondamentale et introuvable.* »
Georges Lerbet, *Dans le tragique du monde*, 2002.

La Voie symbolique
et les Mots pour La dire

« *Apprenez qu'ici tout est symbole* », rituel écossiste.

Centrale au processus de toute initiation, comme le rappelle le Livre sacré, la question des mots, celle de la parole est au cœur de toute problématique de recherche, d'approfondissement personnel.

On se souvient ainsi que c'est l'apprentissage des *maîtres mots* qui marque, pour le jeune Mowgli, dans *le Livre de la Jungle* de Rudyard Kipling, l'accès à la maîtrise des secrets de la Nature. Les mots sont porteurs d'un secret, et comme l'écrit Jacques Attali dans son roman *La Vie Éternelle* : *"Ce secret, s'il existe, reste très bien gardé et il n'est jamais transmis qu'aux sages parmi les sages, maîtres des mots et de la vie....Les mots sont vivants. Pour qu'ils durent, il ne faut pas les négliger, mais les prendre au sérieux, les bien choisir, les cajoler, les entourer d'autres mots. Là est la seule vie éternelle*[13]*"*.

Paradoxalement, une des premières règles qu'apprend l'héroïne de ce livre, lorsqu'elle s'engage à la recherche de ses racines en échappant à la cité qui l'a vu naître, c'est celle du silence car, lui explique un de ses interlocuteurs, *"les mots peuvent devenir dangereux si on les trompe"*. Il s'agit dans un premier temps, d'éviter leur violence si on ne les maîtrise pas. De fait, *"la vérité est dans*

---

13 J. Attali. *La Vie éternelle*, 1998.

les mots, seuls ceux-ci vivent vraiment et l'univers est construit comme les langues, les lettres sont comme l'esprit devenu matière, chacune gouverne un royaume du monde, une partie de l'homme".

"Pour l'homme religieux, les mots et les nombres, écrit Jean-Jacques Wunenburger, *ne sont pas à l'origine de simples techniques, mais un don des dieux qui nous fait participer de leur puissance".*

Dans son *Essai sur la Mentalité primitive*, Lucien Lévy-Bruhl avait constaté, chez les primitifs, le fait que *"les mots ne sont pas regardés seulement comme un moyen d'expression, mais comme un moyen d'agir sur les dieux, c'est-à-dire sur la nature, tout comme les cris et la musique... Ce que les mots signifient est déjà réalisé du seul fait qu'on les prononce, en supposant, bien entendu, la force magique nécessaire chez la personne qui parle... Nous pouvons voir, dans divers exemples, que pour l'homme qui agit, les pensées sont au premier rang comme moyen d'action, et qu'elles peuvent même produire leur effet sans l'aide des mots ni de l'acte matériel ».*

Dans certaines traditions, la parole est faculté de médiation sacrée, elle se confond avec un souffle divin, le pouvoir créateur de Dieu, c'est l'exemple du *logos* grec, du *verbum* des Pères de l'Église. La voix est ainsi le premier instrument de communication du sacré, elle restitue aux hiérohistoires leur contenu émotionnel. La récitation orale des textes sacrés était d'ailleurs acte herméneutique, parole vivifiante. C'est ainsi que dans l'Ancien Testament, la pluralité des langues fut instituée par Dieu en châtiment de la démesure des hommes (symbolisme de Babel).

Chez les druides, nous apprend Christian Guyonwarc'h, il y avait trois sortes de *glam dicinn*, incantations ou cris, malédictions impromptues et extrêmes concernant injure, honte ou faute qui fondaient leur efficacité, tant la puissance de la parole du druide était immense, sur la magie du verbe tout en étant munies d'un appareil rituel aussi chimérique que considérable.

Les mots qui font la vie, ceux qui vivent, ont affaire aux mythes, ils sont ambigus, durent beaucoup plus longtemps que les faits. Seuls les romans et la poésie ont droit à la vie éternelle, car ils sont capables d'échapper à l'érosion de la mémoire. Ces mots sont les gardiens, faits de l'argile des lettres, avec laquelle se forment les mythes seuls promis à l'éternité car les lettres, les mots, les langages, sont les plus vivantes de toutes les créations de l'homme, *"c'est en combinant les lettres que donne vie aux choses la vie des mots"*.

À la scholastique, source de l'esprit scientifique moderne, fondée sur le logos, la pensée traditionnelle préfère toujours une pensée plus proche du type imaginatif. Il s'agit bien de deux conceptions du monde et de la vie où s'opposent tout en s'altérant mutuellement une pensée objectifiante qui conduit à l'abstraction, et une pensée par images qui utilise les médiations du rêve, du mythe *(muthos)*.

Dans le premier cas, l'homme, privé du recours direct de son Saint-Esprit, n'est plus qu'une âme amputée tout juste capable de se tourner vers les objets, c'est le positivisme de la science profane qui l'emporte, dans le second, c'est la créativité imaginatrice qui, du même coup, prouve à l'âme son existence et assimile l'âme à l'image active, créatrice de Dieu (Durand).

La parole permet communication et savoir. « *La sagesse est d'abord une maîtrise des mots, écrivait Payen, il faut élucider les concepts avant de construire des systèmes* », science qui n'a rien à voir avec l'art de l'euphémisme. De l'art du logos tel qu'Aristote en donne les lois, Jean de Meung ne retenait ni l'invention, ni la disposition, ni l'élocution, il ne cherchait pas à mettre en ordre ses arguments ni à orner son écriture, il croyait à une poétique de l'allégorie, à une façon de s'exprimer permettant une lecture plurielle.

On retrouve là l'ambivalence des mots : d'une part, ils permettent la maîtrise des savoirs, de l'autre, ils sont porteurs, messagers du mythe, de la connaissance, ce qui constitue leur pouvoir et leur danger.

Pour Rabelais, la quête des compagnons de Pantagruel, dans le quatrième et le cinquième livre, est, tout entière, adonnée à la recherche des mots. Après qu'en haute mer, Pantagruel ait entendu ouïr quantité de gens parlant en l'air jusqu'à entendre mots entiers, provenant de voix diverses d'hommes de femmes d'enfants de chevaux et tant divers, alors que ses compagnons s'en vont apeurés, pressés par Panurge d'échapper aux paroles dégelées, Pantagruel les rassemble et leur tient ce discours: *"j'ai lu qu'un philosophe nommé Petron pensait qu'il y avait plusieurs mondes se touchant les uns les autres en figure triangulaire équilatérale, en la pâte et centre desquels disait être la manoir de Vérité et le habiter de paroles les idées les plus exemplaires et portraits de toutes choses passées et futures; autour d'icelles être le siècle. Me souvient qu'Aristotéles disait la doctrine de Platon, parolles être semblables lesquelles en quelque contrée au temps du fort hyver, lorsqu'elles sont proférées, gélent et glacent à la froideur de l'air et ne sont ouïes."* Les compagnons de Pantagruel font alors provision de paroles gelées que l'on jette à pleines mains dans l'embarcation: « *mots de gueules, mots de sinople, mots de sable, mots dorés* ». On y vit aussi «*des paroles bien piquantes, des paroles sanglantes, des paroles horrifiques et autres mal plaisantes, mots barbares* », etc.

Nous retrouvons ici l'idée à la fois des paroles-objets qui aboutissent à la confusion et de l'inutilité des mots de la scholastique. Car cette moisson n'est pas satisfaisante pour Pantagruel au regard du but de sa Quête: « *avoir le mot de la Dive Bouteille* ». Après bien des aventures, nos compagnons y arrivent et l'on se souvient que la Dive Bouteille, laquelle repose au milieu d'une fontaine, ne leur dit qu'un seul mot : <u>trinch</u> soit <u>bois</u>. Car il s'agit bien de boire et non pas d'accueillir les belles paroles « *des philosophes prescheurs et docteurs qui vous paissent des belles paroles par les oreilles* » alors qu'ici, dit Bacbuc, le pontife gardien de la Dive Bouteille: *"nous incorporons réellement nos perceptions par la bouche"*. On ne dit pas *"lisez ce chapitre, voyez cette glose, mais voyez, tastez ce chapitre, avalez cette belle glose"*. Rabelais fait ici référence à un chapitre d'Ézéchiel où l'on voit le Seigneur lui faire manger un livre. *On peut donc être clerc* (savant), conclut-il, *jusqu'au foie*. Le mot *buvez* est ainsi un oracle qui s'adresse à toutes les nations ; de fait, comme rire, boire est le propre de l'homme, boire est ce qui emplit l'âme de tout savoir et de toute philosophie. « *En vin, vérité est cachée* ».

Alors Bacbuc confie trois bouteilles de l'eau fantastique aux compagnons de Pantagruel et leur dit : *"allez, amis, en protection de cette sphère intellectuelle de laquelle en tous lieux est le centre et n'a en lieu aucune circonférence que nous appellons Dieu et, vesnus en votre monde, portez témoignage que sous terre sont les grands trésors et choses admirables... de ces trois bouteilles que je vous livre, vous prendrez connaissance. Par la raréfaction de l'eau qui y est contenue, interviendra la chaleur des corps, la transmutation des éléments, un air très salubre sera engendré : vent clair, air flottant et ondoyant"*. Voilà ici, évoquée par Rabelais, l'intégration des quatre éléments que suit l'accès, par Pantagruel et ses compagnons, au mot de l'oracle.

Henri Corbin pensait que faire apparaître le sens spirituel d'un texte sacré procède d'une exégèse que l'âme accomplit sur elle-même. Elle lui rend possible, au lieu de se subordonner à un monde extérieur et étranger, d'intégrer ce monde à elle-même. On trouve là la même opposition qui apparaissait chez Rabelais entre les paroles gelées, dont la moisson est fort insatisfaisante car profanes, et la parole de l'oracle qu'on doit s'incorporer par un mouvement qui passe par l'intérieur de l'être. Cette mutation exige une transmutation de l'âme, elle suppose mode et organe de perception tout différents de ceux de la connaissance commune qui accueille et subit les données toutes faites, parce qu'elle les prend comme des données nécessaires, sans se demander qui est le donateur de ces données.

Pour les intégrer de nouveau, l'âme doit, chaque fois, comprendre ce qu'elle même a fait ou avait fait ; elle ne peut en sortir qu'en comprenant cela, et c'est en les comprenant qu'elle les rend libres pour une assimilation nouvelle. Cette transmutation restitue le cosmos physique comme univers de symboles, elle nécessite un changement si radical dans le mode de perception qu'il deviendra impossible de rester d'accord avec les lois et les évidences de la conscience commune.

« Le sacré sauvage se veut expérience vécue du chaos, de l'éclatement de tout ordre cosmique ou psychique, de la saisie d'un Dieu qui flotte, œuf non éclos sur une mer de ténèbres agitées. Et se situe donc dans une catégorie archétypale a priori qui lui dicte la loi obligatoire du désordre et du dysfonctionnement », écrivait Roger Bastide.

Pour Michel Foucault, le rapport que nous entretenons au discours est finalement peu différent, même s'il est de l'ordre du désir de *"ne pas entrer dans l'ordre hasardeux du discours, de faire en sorte qu'il soit autour de soi comme une transparence calme et profonde"*. Pour lui, c'est l'institution qui rend les commencements solennels, les entoure d'un cercle d'attention et de silence, leur impose des formes ritualisées. De fait, le discours est dans l'ordre des lois. Pour lui, désir et institution sont deux répliques à une inquiétude qui porte sur « *ce qu'est le discours* ». Car le discours est un danger : dans toute société, la production du discours est contrôlée par des procédures qui ont pour rôle d'en conjurer les pouvoirs et les dangers. Cette exclusion porte sur l'interdit, on n'a pas le droit de tout dire, on ne peut pas parler en toutes circonstances ni de n'importe quoi et notamment pas de sexualité, de raison et de folie.

Le silence est sans doute l'une des réponses les plus adéquates à cette interrogation, il n'est pas moins ambivalent que la parole, comme en témoigne Chrétien de Troyes dans *Perceval ou le Conte du Graal*, roman de l'initiation qui installe toute sa problématique sur l'interdit de la parole.

Paradoxalement, même si, au début de ses aventures, l'ermite prévient Perceval : *"Sache que ton silence causera de grands malheurs à toi et à autrui"*, à la fin du livre et des aventures, il lui recommandera de garder le silence sur certains mots, « *les mots sacrés* ».

Mais, peut-être s'agit-il, précisément, de ceux que l'apprenti ne peut seulement qu'épeler ? Et participer au processus de symbolisation, n'est-ce pas déjà appartenir au groupe des initiés ? y entrer soi-même quand « *le visage énigmatique de la déesse des Mystères des Initiés commence à briller au travers des voiles qui le cachent et quand le mystérieux lotus pousse de nouveaux bourgeons* (Marcotoune)» ?

Signe des temps, il y a bien longtemps que les mouvements initiatiques n'avaient été aussi recherchés, comme si la voie qu'ils offrent, voie de réalisation personnelle dans la connaissance restaurée du côté de la personne constituait un antidote à la parcellisation du sens partout constatée, à la profanisation des usages les plus sacrés ? À des dogmatismes plus soucieux du sauvetage des institutions et de leurs bureaucraties qu'à la recherche de la vraie lumière.

Sociétés de mise en scène du tragique, les mouvements initiatiques ne portent-ils pas en eux-mêmes « *la réalité de l'existence humaine perdue dans l'immensité de l'univers* » (Caillois) ?

Initiation et société

« Les voyages maçonniques rappellent rituellement que la communauté prend fond sur le désir de l'ailleurs, celui d'un infini toujours et à nouveau présent au cœur de tout un chacun ».

Maffesoli Michel, *Le Voyage ou la conquête des mondes*, Paris, Dervy, 2003, p. 26

Le mot Initiation, du latin *in-ire*, (aller dans, être mis sur le chemin), est d'abord marqué par les idées de commencement et de voyage, ce que vérifient les travaux des anthropologues qui nous décrivent trois formes d'initiation, lesquelles ont toutes trois en commun de signaler le passage d'un état réputé inférieur à un état réputé supérieur.

Roger Bastide distingue en effet :
– l'initiation tribale, qui consiste à faire entrer les jeunes dans la catégorie adulte au travers de rites de passage

profanes comportant des parties religieuses ancrées sur des archétypes mythiques,

– l'initiation religieuse, qui donne accès à des confréries fermées ou des sociétés secrètes, au moyen de rites de passage sacrés et de langages réservés,

– l'initiation magique, qui permet de s'approprier des dons surnaturels, des pouvoirs : elle est marquée par l'abandon des règles qui définissent l'humanité normale, signalée par des conduites aberrantes qui tendent toutes à séparer l'initié de la société.

Pour les adeptes de l'Art royal, dans la mesure où l'initiation organise le cheminement de la sphère du profane à celle du sacré, trois étapes nous semblent fondamentales des processus initiatiques ésotériques tels qu'ils sont décrits dans les rituels du rite écossais :

– l'expérience de la mort,
– la communication d'un savoir,
– l'expérience du sacré.

L'expérience de la mort sociale, culturelle, telle que la décrivent les rituels de l'écossisme, peut y revêtir diverses formes. À la fois fascinante et terrible, elle est ordonnancée autour des rites de purification et les épreuves auxquelles est soumis le nouvel initié. Si les premiers ont pour objet de manifester la séparation d'avec la vie profane, les secondes, en accumulant les éléments de terrification, matérialisent la rupture avec le monde de l'aisance et de la sécurité, consistant par exemple en brimades, tatouages, fustigations, blessures, vécues réellement ou symboliquement selon les âges, les milieux, les ethnies… Au bout du compte, ils signifieront que l'initié est plus fort que la nature et possède désormais la force, l'énergie, le *mana*, soit l'efficacité véritable des choses. Leur action spirituelle à distance se produit dès lors entre des êtres sympathiques. Pour Marcel Mauss, cela désignait à la fois une force, un milieu, un monde séparé et cependant ajouté à l'autre, soit une quatrième dimension de l'espace en exprimant l'existence occulte. Cette notion fondait, pour lui, cette idée nécessaire d'une sphère superposée à la réalité, où se passent les rites, qu'animent les esprits et où il pénètre. Y concourent les souffrances physiques qui lui sont parfois infligées, comme sa mise à l'écart provisoire dans un lieu retiré, un centre d'enseignement, l'Agartha, en lien avec un centre spatial mystérieux où s'origine l'égrégore.

Toute initiation comporte également la communication d'un secret, soit sous forme de la représentation théâtrale du mythe fondateur, soit sous celle d'une séquence d'éducation morale. Elle aboutit, dans tous les cas, pour le néophyte, à un meilleur contrôle de soi, à lui permettre de prendre en compte ce qui dépasse les bornes de son entendement, pour qu'il puisse s'évader d'un rationalisme stérilisant, pénétrer un univers symbolique instauratif.

Cet enseignement sur la société qui l'accueille n'est, dès lors, pas un enseignement extérieur à celle-ci, livresque, mais s'origine en son cœur de la société, exprimant, de celle-ci, la quintessence.

Une exigence d'individuation

Ceci nous amène tout naturellement à la troisième étape, celle de l'expérience du sacré. Ayant brisé sa coque mentale, tué en lui l'individu egocentré, ouvert ses portes internes, l'initié peut voir s'ouvrir les portes de la transcendance. Elle lui sera signifiée par la présentation d'objets sacrés et symboliques. Ils l'aideront à faire le pont avec cette dimension transpersonnelle qui lui échappe d'ailleurs toujours un peu, la présence divine qui l'habite – quel que soit le nom qu'il lui donne –, le « Grand Architecte de l'Univers » des écossistes est ainsi un symbole qui respecte toutes les croyances. Le rituel n'a pour simple fonction que de conduire l'initié « *de l'irréel au réel, des Ténèbres à la Lumière, de la Mort à l'Immortalité* ».

Le serment qui accompagne cette expérience, et qui sera maintes fois renouvelé, est ferment de cohésion sociale. Il assure la continuité des règles et des tabous et ce d'autant qu'il sera parfois amené à les transcender dans la violation (symbolique ou effective) des interdits, l'excès, l'orgie, la violence, l'ivresse et l'agitation qui peuvent accompagner à des degrés divers les processus initiatiques, lui signifiant ses devoirs.

L'agrégation du nouvel initié au groupe qui l'accueille, pourra alors avoir lieu, car il est véritablement devenu autre. Il fera alors l'expérience de la fraternité qui vient clore le processus d'initiation en réapprenant la vie car il a franchi des limites au-delà desquelles il n'est pas de retour possible.

Le rite écossais ancien et accepté[14]

En ce qui concerne la Franc-Maçonnerie de la pierre, étudiée ici, nous y retrouvons un schème initiatique relié aux centres de la tradition primordiale, car elle est une des dernières sociétés de pensée occidentales à l'avoir conservée et entretenue.

Chaque impétrant y subit volontairement (et après en avoir été préalablement informé) une série d'épreuves symboliques : questionnements d'abord adressés à lui-même, rencontres où le postulant est amené à se dévoiler devant des inconnus, toutes épreuves qui procèdent peut-être de ce que Rudolf Otto nommait terrification comme s'en réclament explicitement l'expérience des voyages de l'apprenti, et celle de la marge, avec sa confrontation ritualisée aux quatre éléments. Plus tard, dans le processus, il aura à se confronter aux grandes philosophies… l'expérience de la mort. Les mystères maçonniques retrouvent, dans de nombreux cas, ce que vivaient les initiés aux mystères égyptiens d'Isis et d'Osiris, les pythagoriciens ou les mystes d'Éleusis, si ce n'est l'expérience christique des communautés monastiques, ou encore, au Moyen Âge, celle des pauvres chevaliers du Christ. Terrification, sans doute, mais encore en complémentarité, fascination de rites de passage venus du fond des premiers âges de l'humanité et repris depuis par des cortèges

---

14 Le rite écossais ancien et accepté est le rite maçonnique le plus pratiqué dans le monde, à l'exclusion des autres (rite écossais rectifié, rite de Memphis Misraim, rite Émulation, rite Français, rite d'York… pour ne citer que les plus connus).

d'initiés, sur les cinq continents, chacune leur ayant conféré son génie propre tout en conservant une structure commune : le rite (de l'indo-européen *AR* qui a aussi donné *artus, ars…*), ce qui fait jointure.

Il y fait ensuite, et ça n'est jamais achevé, l'expérience de la transmission des savoirs secrets (ou discrets tant la littérature abonde à ce sujet), soit une éducation mutuelle qui part de l'intérieur du groupe, de l'atelier, et se constitue peu à peu dans la maturation des esprits et des cœurs indissolublement liés par la fraternité et par la méthode qui la conforte, paradoxalement, en toute liberté. Là encore, le contenant revêt une force incroyable dans l'interaction des participants mettant en commun, dans le respect de formes immuables, leurs savoirs[15]. Ceux-ci ne s'arrêtent d'ailleurs pas à cette sphère des apprentissages nécessaires mais non suffisants et débouche sur la connaissance, la gnose universelle.

Le serment, prononcé pour la première fois au terme de l'initiation et réitéré à chaque tenue, signe posé entre les membres de l'atelier, élargit à l'ordre tout entier, constitue le pacte de l'universalité d'une société ordonnée au perfectionnement et au progrès de l'Humanité, à l'effort auquel doit tendre chacun là où il vit et où il doit poursuivre l'œuvre commencée dans le temple. Le ser-

---

[15] On a ainsi pu écrire que les maçons avaient inventé la « dynamique de groupe », affirmation qui n'est certes pas, bien qu'anachronique, non dénuée de fondement au moins analogique à ceci près que la régle, héritée du compagnonnage, y est largement facilitatrice, alors que le propre de la dynamique de groupe (ou Training group) repose elle sur le déblocage des interdits verbaux, même si elle en introduit, *de facto*, d'autres.

ment maçonnique, loin de fonder quelque conspiration fantasmée ordonnée par des « supérieurs inconnus » depuis quelque centre occulte, tend à faire de l'initié, méthodologiquement et très symboliquement un être à part, ni meilleur ni pire que les autres hommes, mais bien à part car cultivant cette expérience de la transcendance par une praxis qui l'aide, en toute humilité, à tenter de dépasser les bornes de ses préjugés. Aucun d'entre eux, d'ailleurs ne prétendrait en avoir l'exclusive, d'autres voies initiatiques y concourant tout autant…

Voilà où peut conduire l'expérience de l'initiation au rite écossais ancien et accepté. Même si chacun peut en retirer parfois l'impression d'avoir quelque peu erré, (mais, héritier des compagnons opératifs et des chevaliers errants, le maçon n'est-il pas un éternel voyageur ?), aucune des étapes vécues ne l'a véritablement éloigné de ce qui est désormais, pour lui, et pour chacun, une des voies sur le chemin de la sagesse, sans forfanterie, et sans illusion.

Cette voie le conduit sur un chemin où il va passer progressivement, par un itinéraire bien repéré et accepté, des Ténèbres à la Lumière car « *l'homme naît avec un voile sur les yeux et seule l'initiation retire ce bandeau et rend l'être voyant* (Marcotoune) ».

L'expérience du Sacré et la Lumière

*« L'éclat du jour a chassé les ténèbres
et la grande lumière commence à paraître. »*

Le Franc-Maçon se proclame « *fils de la Lumière* ». Dans le même temps, également « *enfant de la veuve* », il consacre une grande partie de son temps à travailler la question de la Mort pour la domestiquer après en avoir fait l'expérience phénoménale dans le mythe d'Hiram, lui-même figure du drame christique. De fait, l'expérience maçonnique écossaise semble pouvoir être décrite, si ce n'est comprise, qu'à un triple niveau de significations en interaction constante et organisée :

– Celui de l'expérience métaphysique : la Lumière qui chasse les Ténèbres, présente dans tous les mythes fondateurs, est souvent symbolisée par le combat du héros (ou de l'archange céleste) et du dragon.

– Celui de la quête personnelle, au sens où l'entendait Emmanuel Mounier estimant que le rapport de l'homme à la nature n'est pas d'extériorité mais un rapport dialectique d'échange et d'ascension, il parlait à ce sujet d'existence incorporée.

– Celui d'une expérience cosmique que nous qualifierons d'euphémisée.

L'EXPÉRIENCE MÉTAPHYSIQUE DE LA GRANDE LUMIÈRE

D'abord la Lumière, celle qui chasse les Ténèbres et qui apparaît progressivement au chercheur de vérité, est – et n'est pas – une manifestation physique. Elle l'est dans son acception mécaniste, liée aux phénomènes ondulatoires et corpusculaires. Elle est, en même temps, ce que les maçons et avant eux les traditions du Livre révélé enseignent, quand, à un moment historique, ils accomplissent une synthèse, que nous appelons mystère, celle de la religion universelle chère au pasteur Andersen, perçue depuis les origines comme un but (le centre du cercle), une tâche (rassembler ce qui est épars), une voie (celle de la quête jamais achevée), au service d'une ambition spirituelle : travailler à la gloire du Grand Architecte de l'Univers. Dans ce processus, il semble que le rituel écossais fournisse des repères, jetant des pierres sur ce chemin d'élucidation.

Les textes sacrés, les mythologies font, de fait, de constantes références à la Grande Lumière, d'abord en Genèse, lorsque la Lumière acte fondateur de culture est séparée d'avec les Ténèbres, action précisée par le livre de Job (1-9) qui nous indique que Jéhovah a tracé un cercle à la surface des eaux, comme limite entre la Lumière et les Ténèbres. Effort tendu pour ramener l'âme du juste de la fosse afin de l'éclairer de la lumière des vivants. Arme spirituelle en quelque sorte, encore, que la Grande

Lumière, toujours en Job, quand l'Éternel la dirige vers les méchants qui ne peuvent prendre le chemin qui conduit au séjour de la lumière, chemin mystérieux. Le texte, d'ailleurs, nous interroge : « *par quel chemin la lumière se divise-t-elle et le vent d'orient se répand-il sur la terre ?* »

Le Nouveau Testament renchérit qui compare les chrétiens à la Lumière du Monde, en présentant le Christ en gloire au moment de la transfiguration, resplendissant de lumière et en nous prévenant : « *prends garde que la lumière qui est en toi ne soit ténèbres (Matthieu 17-4)* ».

Le texte sublime, au sens premier, est sans contexte le prologue de Jean quand il nous révèle que « *la Lumière venant en ce monde, les ténèbres ne l'ont point reçue et que le Logos est Lumière, celle qui éclaire tout homme venant en ce monde* ».

La révélation judéo-chrétienne s'enrichit sans relâche de référence à cette Grande Lumière qui paraît à l'Orient de nos intelligences et que nous apercevons. Elle contaminera l'ensemble de notre imaginaire social. La plupart des religions reconnaissant l'isomorphisme du céleste et du lumineux.

On se souvient que la racine indo-européenne *Dei* brillant (*dei-wo*, le ciel lumineux) a aussi donné *Deva dieu et divyâh, céleste* en sanscrit, *Dios* en grec, *dius* en latin et dieu, **divin**...

Au Moyen Âge, dans le roman arthurien, Gauvain le chevalier étincelant, héros solaire, sent ses forces croître au combat jusqu'à midi et décroître ensuite. La Quête du Graal s'achève dans un temple situé au plus haut d'une montagne brillante dont les tours semblent faites de rayons d'or. Au moment de la contemplation des mystères du Graal par les trois compagnons de la Quête du Graal, une lumière surnaturelle baigne le château aventureux. Galaad, seul admis au grand mystère du Saint-Graal, y connaît le ravissement. « *dès qu'il eut expiré, une main sans corps , qui répandait une merveilleuse clarté, descendit et ravit au ciel le vase très saint* ». Et l'on pourrait multiplier les exemples...

Henri Corbin nous a appris que, pour la tradition musulmane et notamment soufie, le motif du voyage vers l'Orient dans les récits visionnaires avicenniens (le récit de Hayy ibn Yaqrân) la quête de la Lumière est vécue dans deux dimensions, ce qui va nous permettre de comprendre la seconde proposition du rituel écossais qui repose sur le « *commence à paraître* », mettant ainsi l'accent sur l'aspect proprement initiatique (qui ouvre le chemin, la voie) que revendique la démarche maçonnique.

L'EXPÉRIENCE DE LA QUÊTE

Chez les Orientaux *la quête lumineuse est individuelle,* lorsque l'âme visualise sa propre image archétype, celle qu'elle porte en elle-même et tout à la fois projette et reconnaît hors d'elle-même. À ce stade, elle n'est reconnaissable qu'en référence à l'imaginaire du sujet, elle est, pour chacun, le symbole de sa propre individualité quand l'âme perçoit en elle-même l'appel que lui adresse celle des Archanges-Intelligences dont émane son être. Ce stade est évoqué aux premiers degrés du rite écossais dans ses efforts à projeter l'initié dans les symboles de l'atelier et à travailler sur lui-même. Le maçon passe ainsi de l'équerre au compas et, connaissant l'acacia, plante lumineuse et régénératrice, dans son effort à s'élever et à pénétrer les hautes régions de la connaissance spirituelle, accéde à un autre plan.

L'EXPÉRIENCE COSMIQUE

Pour le soufisme avicennien, ce plan est celui du cosmos car l'Orient ne peut être atteint avant un certain délai, au prix de l'exode de l'étranger vers sa patrie de lumière, de son nomadisme. Il lui est toutefois possible de s'en approcher, s'il sait conduire sa vie comme celle d'un pélerin. Le détachement y tient une large part, et le rite écossais peut paraître trompeur quand il donne parfois l'illusion aux esprits faibles que l'élévation dans l'échelle à trente-trois degrés est une échelle de prestige mettant en lumière l'adepte de l'Art royal aux yeux de ses frères. Or, la quête lumineuse devient ici celle d'une élévation dans l'interaction des sphères célestes, leur musique, marquée par les étapes d'un pèlerinage qui ne peuvent être perçues seulement comme étages du cosmos dans lequel nous pénétrons mais, de sphère en sphère, comme l'état de déchirement où la conscience se vit, s'épuisant en projections inconscientes entre le monde masculin du jour et le monde féminin des pressentiments. L'expérience de la quête n'est plus seulement sensible mais, comme chez Corbin, a besoin de l'image symbolique – et double – que l'âme projette d'elle même. Et c'est en ceci, dans cette projection de l'image quelque peu trouble de sa lumière intérieure, que celle-ci peut commencer à paraître à l'initié. Corbin faisait référence à la théorie de l'effusion des formes par « *l'Intelligence agente sur l'intellect possible*». L'Orient est bien l'horizon de la sagesse orientale qui permet au philosophe occidental, dans sa condition humaine et terrestre, d'accéder à la transmutation du sens géographique de son propre chemin en symbole de la réalité supérieure. On comprend mieux, dès lors, que ce moment initial d'entrée dans la sagesse illuminative marque les travaux du rite écossais comme ceux des soufis car l'aurore levante est bien la substance de l'Orient (*ishrâq, shorûq, mashriqî.*) Atteindre l'Orient, au climat de l'Ange, c'est involuer l'espace du cosmos, parvenir à une demeure dans le ciel située « *au-dessus du ciel étoilé* ». En loge bleue, le franc-maçon travaille sous la voûte étoilée et "*l'obscure clarté qui tombe des étoiles*" lui en rappelle la subtile réalité comme elle l'enseigne, chaque nuit, aux pèlerins de saint Jacques ou aux compagnons du Tour de France. Dans sa quête de la Lumière, il va ainsi passer de la maison de la mort, celle de maître Hiram, où il est re – né, à la Résurrection mûe par sa propre lumière interne et l'aspiration des sphères célestes, lieu des puissances imaginales. Il y faut, précise Corbin, une énergie puissante, pour que l'activité imaginatrice crée un champ de liberté intérieure, hors des expressions communes et des symbolismes déchus ou interchangeables. Car l'Âme éveillée, visitée par la Grande Lumière qui commence à lui apparaître, ne peut plus se satisfaire des régles communes ni des préceptes collectifs.[16]

« *Aussitôt que mes chaînes seront brisées*, chantait le barde breton du Barzaz Breiz, *je m'élèverai dans les airs comme une alouette, je passerai la lune pour aller à la gloire, je foulerai au pied le soleil et les étoiles* ».[17]

L'on voit ici que la voie est inversée. Pour percevoir la Lumière, sans doute l'initié doit-il, passant au régime nocturne des images, savoir faire son deuil de la trop Grande Lumière, processus euphémique qui voudrait que la Grande Déesse soit recherchée au rebours des Ouraniens, comme le cercle entoure le triangle, comme l'étoile mène les Mages (les initiés) à la contemplation de la divinité. Obéissant aux lois de l'Imaginal, il apprend peu à peu à se défier des idées toutes faites, des pièges de l'intellect, pour s'attacher à comprendre le sens de son initiation, en voyant paraître la pure image de l'Aphrodite céleste. Car, dit encore la sagesse celtique, « *devant le cercle vide de Keugant, la divinité, le sage ferme les yeux et se tait* ».

Ce but ultime, développé par l'écossisme, vise à approcher la Lumière, il suppose un cheminement marqué, on l'a vu, au coin de l'ascèse, une reconstruction personnelle comme dans la voie suivie par les Chevaliers en quête du Saint-Graal.

---

16 Corbin Henri, 1979.
17 Hersuet de la Villemorque, 1963.

Nous abordons là le cœur du cheminement lié aux traditions de la maçonnerie de la pierre. Après en avoir perçu les orients célestes, faisons maintenant retour au chemin des hommes.

L'Éducation, construire hors les murs

« L'éducation familiale de ces derniers siècles a tout mis en œuvre pour épargner aux enfants l'épreuve de l'angoisse. Peut-être faudrait-il chercher là l'une des sources contemporaines de la recrudescence de nos difficultés sociales, et de la dégradation de notre art de vivre. »
Jacques Ardoino, *Education et Politique*
Paris, Gauthier Villars, 1977, p.65.

« Ô homme très fort, j'ai entendu dire que vous étiez quatre hommes et deux femmes, qui travaillez dans cette montagne, et que par un long travail vous possédiez tous la matière de la Pierre des Philosophes. Et parce que je brûle d'amour pour cette bénite Pierre, je n'ai point craint de venir en ce lieu, de traverser les eaux, les montagnes et les rochers... »
Traité sur la matière de la pierre des philosophes en général, anonyme, Ms 30 27. Bibliothèque de l'Arsenal. XVIIIe siècle.

La règle

À l'instar de leurs précurseurs opératifs, compagnons du devoir eux-mêmes héritiers du Saint Devoir de Dieu, les maçons spéculatifs de rite écossais ancien et accepté se disent *devoirants* tant la règle tient en effet une grande place dans leurs travaux à la fois comme objet symbolique (la règle à 24 divisions) et comme cadre « *ancien et accepté* » de leur interaction en loge. Elle tient en deux impératifs souvent mal compris : *être obéissants et rester fidèles.*

Être obéissants : en cela, les maçons écossais sont héritiers modernes des grandes religions du Livre insistant sur cette injonction : « *respecter les commandements, aimer son prochain, servir l'Église*[18] ».

Chez les chrétiens, l'obéissance consiste à écouter l'appel de Dieu : obéir au Christ en acceptant son appel, et par conséquent à l'Église, son corps incarné dans le monde et à la hiérarchie catholique. C'est le sens de la vocation du chrétien qui se sent appelé et doit répondre à cet appel intérieur manifesté par les livres sacrés et la Tradition.

Elle s'y trouve encore dans les modèles que sont les moines et moniales, qui, parmi leurs trois vœux, font celui

---

18 On sait peu de nos jours que la plupart des loges écossaises au XVIIIᵉ siècle étaient des loges soit militaires soit d'origine monastique, ainsi avons nous eu connaissance d'une loge du « Tendre accueil de Glanfeuil » en Anjou, sise en l'abbaye Saint-Maur de Glanfeuil et présidée, à l'époque, par le père abbé de l'endroit !

d'obéissance à l'abbé. En retour, celui-ci s'efforce de connaître chacun d'entre eux et de faire fructifier leurs charismes dans la fraternité. L'obéissance revêt ici une dimension fraternelle codifiée dans la règle de saint Benoît. Les frères prédicateurs en garderont l'appellation de « chiens de Dieu » (*Domini canes*). Dans la règle ecclésiale des dominicains, l'obéissance est affirmée par trois fois : à Dieu, à la Vierge Marie, au fondateur de l'Ordre et à ses successeurs. *Pourquoi* ? demande la règle. Réponse : *Pour assurer l'unité de l'ordre.*

Elle s'appuie sur une confiance entre les personnes formant l'ordre. La Franc-Maçonnerie en a repris les injonctions tout en se proclamant, et nous retrouvons là l'injonction de paradoxie pointée par Georges Lerbet, lieu de liberté absolue (*des maçons libres dans des loges libres*). Nous savons que la Quête du Graal dans le respect des parcours initiatiques de chaque chevalier était également basée sur un serment et sur le fait qu'autour de la Table nul n'avait préséance.

C'est le sens du fameux serment sur le Livre de la Loi Sacrée prêté par le maçon sous la voûte étoilée comme les chevaliers de la Table ronde jurent sur les reliques de «*ne jamais revenir avant que de savoir la vérité du Graal* ». Serment initiatique au sens propre où la loi est *viatique*, instance de réalisation, et non enfermement dogmatique.

Plus généralement, la voie spirituelle réclame une situation d'obéissance favorisant la croissance spirituelle, elle est, dans toutes les grandes religions, un moyen de réalisation. Toutefois, ceci peut conduire aussi à de terribles échecs si le maître n'est pas à la hauteur de l'enjeu ou des attentes du disciple. Il en est de même de la vie communautaire, elle peut conduire à la liberté intérieure ou être sclérosante si elle est mal orientée. Sectes et totalitarismes de tous bords font de fait florès sur cette ambiguïté fondamentale.

Dans son essai de 1752 sur « *L'obéissance passive* », le philosophe David Hume, examinant l'obéissance passive due au souverain, estime que le devoir d'obéissance doit être éteint chaque fois qu'il entraîne la ruine de l'État car le salut du peuple est la loi suprême. Si l'obéissance est un des devoirs les plus essentiels dans la vie commune, on ne saurait assez l'inculquer car la résistance est permise dans des cas extraordinaires quand la doctrine de la soumission est poussée jusqu'à l'extravagance. Le magistrat, le prince ne sont pas au-dessus des lois, sauf à être des tyrans.

On passera alors, la porte en étant ouverte, d'une culture de l'obéissance au devoir d'insoumission plus présent dans la tradition anglo-américaine que française même si la déclaration des Droits de l'Homme et du Citoyen faisait de la résistance à l'oppression un droit fondamental .

La notion de désobéissance civile est présente en Angleterre dès le XVIe siècle, les « *dissenters* » estimant que la Couronne n'avait pas à leur imposer le culte ou une interprétation de la Bible. Gandhi reprendra ce concept de désobéissance civile. Il faudra attendre en France la Résistance à l'occupant au cours de la Seconde Guerre mondiale pour que la culture s'en trouve marquée durablement. L'armée elle-même précise que le chef militaire ne peut ordonner des actes contraires aux lois et le devoir d'obéissance disparaît lorsque l'exécution de l'ordre apparaît comme devant faire commettre une illégalité.

Le rituel écossais est héritier de cette double tradition : religieuse, plus communautaire, celle de l'obéissance monachique, plus libertaire venant de la philosophie des Lumières, car : « *le Saint des Saints est dans l'homme, c'est la lumière que vous portez* », les rituels maçonniques renvoyant l'homme, après avoir exigé obéissance, au libre examen. Le maître maçon ne devra en effet accepter aucune idée qu'il ne comprenne et juge vraie par lui-même.

RESTER FIDÈLE

C'est ici qu'intervient **la fidélité à la règle :** l'homme fidèle reste dans la ligne qu'il s'est fixée, elle est condition de tout devoir moral. Si le devoir moral est, pour la plupart, admis, le fait de rester fidèle est souvent plus problématique car introduisant la notion de durée, il renforce l'obligation, le devoir de fidélité.

Aristote, dans son *Éthique à Nicomaque*, définissait la vertu comme une disposition acquise, une habitude à se comporter qui ne pouvait s'acquérir qu'à force de pratique. C'est en accomplissant des actes vertueux que l'on devient vertueux, ce qui fonde le devoir de fidélité.

Kant ajoutera que rester fidèle, c'est accomplir un devoir devant l'humanité tout entière, c'est respecter l'autre et respecter l'humanité et donc soi-même. Rester fidèle est une attitude qui connote la persévérance, la permanence, l'identité. Rester fidèle, revient pour tout homme à rester le même, au sens social mais aussi métaphysique, en ce que la fidélité donne à la personne son unité, une permanence.

Mais est-ce possible dans un monde qui change ? et la fidélité n'est–elle que conformité à une morale close, figée, imposée par la société pour assurer la cohésion sociale, pure fonction de conversation, rigidité caractérielle ? Et, la société, en ses changements, menace-t-elle la personnalité de chacun ?

« *Je veux aussi l'ordre, autant et plus que ceux qui le troublent par leur prétendu gouvernement, mais je le veux comme un effet de ma volonté, une condition de mon travail et une loi de ma raison* », écrivait aussi l'anarchiste Proud'hon.

Le devoir de l'intellectuel, (capable de choix), n'est-il pas comme le rappelle souvent Jacques Ardoino, devoir légitime de trahison ? Mystère du paradoxe que l'instruction maçonnique tente de résoudre quand elle insiste, à chaque degré, sur le fait que tout ce que le maçon a appris jusqu'à présent n'est rien à côté de ce qui lui reste à apprendre. Apprendre c'est accepter l'altération, le changement puisque la pensée d'autrui vient rencontrer la sienne, la perturber, la provoquer. C'est être disponible à l'autre.

Il ne suffit pas, pourtant, de se cantonner dans la reconnaissance de l'altérité, il faut encore accepter d'être contaminé, altéré par l'autre. Et revenir à Aristote définissant la vertu comme un effort, la maîtrise de soi en toute circonstance, qui permet de ne pas confondre changement, caprice, mode… en prenant garde à ne pas s'engager sans réfléchir, tout en – car l'écossisme cultive toujours le paradoxe – adaptant la conduite du maçon aux circonstances toujours changeantes… vertu qui consiste à trouver le juste milieu. C'est passer de l'obéissance passive à l'obéissance active en cultivant sa lumière intérieure, à la fois héritier de la Tradition et jamais résigné, injonction déjà énoncée dans le Tao : « *Recherchez votre corps et unifiez vos regards, l'harmonie céleste descendra en vous ; réfrénez votre intelligence et rectifiez votre attitude, l'esprit transcendant vous fera visite. La vertu vous embellira et le Tao habitera en vous.* »

Ces sagesses, l'Art royal a su en faire la synthèse dans la célèbre formule VITRIOL : « *visita interiora terrae, rectificandoque invenies occultum lapidem[19]* ».

Tout est dans le *rectificando*, non pas à interpréter dans le sens du dressage, mais dans celui de la remise en ligne, en harmonie, dans la dialectique jamais achevée du trajet anthropologique tentant de concilier intimations subjectives et assimilations du milieu (Gilbert Durand). Car, comme l'avait vu Kant, nous ne pouvons connaître les phénomènes que si notre esprit y opère son intervention organisatrice.

---

19 « Visite les entrailles de la terrre, en *rectifiant*, tu trouveras la pierre cachée. »

Éduquer les hommes

Le chemin « éducatif » proposé par les rituels écossais est basé sur le symbolisme, c'est par lui et dans cette voie que chacun s'élève progressivement dans la recherche toujours inachevée de la Lumière, celle qui « *vient éclairer tout homme venant en ce monde* (Jean 1)». Encore faut-il que les voies en soient préparées, ce à quoi s'exerce justement l'Art royal.

Plus que jamais, semble-t-il, cette pédagogie du symbole semble une nécessité pour l'humanité tout entière. Comme l'écrit Gilbert Durand *"une expérience symbolique authentique est recommandée à l'homme du 20ème siècle comme antidote, contre la marée étouffante des images passives, à une pédagogie totalitaire de type mécaniste que fournissent avec surabondance les techniques de notre temps".*

Les voies tracées par l'initiation maçonnique sont éminemment *éducative*s et ce, à double titre:

– au sens le plus usuel du terme éduquer (*educare* = nourrir), en offrant par la richesse des contenus symboliques développés dans les Loges une véritable nourriture spirituelle qu'il appartient à chacun de s'approprier, dans l'héritage des livres bibliques, de la chevalerie médiévale et de l'art des bâtisseurs et de la philosophie des Lumières

– au sens plus moderne du verbe éduquer (*e-ducere* = faire sortir de) soit aider les hommes à échapper à leurs propres préjugés, à leurs allant de soi, à leurs habitudes, et, « *laissant leurs métaux à la porte du temple* », les conduire ainsi à abandonner des habitudes de penser façonnées par une société profane matérialiste érigeant le régne de la quantité en système de pensée, à penser et agir par eux-mêmes.

En ce sens éduquer est une activité qui ne peut être que symbolique quand elle conduit chacun à rassembler les parties d'un être souvent divisé. Soit symboliser avec soi, en ses parties les plus sacrées, les plus spirituelles, retrouver ce quelque chose en nous qui ne nous ressemble pas, notre présence « ***divine*** », sans sacrifier pour autant nos forces naturelles, l'énergie universelle qui nous habite et que nous passons une grande partie de notre vie à juguler.

Dire celà, poser la question du rapport de l'initiation maçonnique à l'Éducation, c'est ainsi interroger l'écossisme à deux niveaux de sens :

– celui de la fonction éducative du symbole et du mythe,
– celui de leur efficacité symbolique.

Fonction éducative du symbole et du mythe

Les mythes fondateurs de la Maçonnerie (tel celui de maître Hiram) construisent, à l'attention de l'initiable, des modèles visant à l'évolution individuelle et sociale des individus composant un atelier.

Cette approche peut paraître limitée à une origine supposée, voire surplombante, du mythe, c'est-à-dire qu'elle semblerait ne pas prendre en compte les altérations dues à la transmission humaine (la Tradition), mais elle n'est pas moins réelle.

Toute société, tout système culturel élabore ainsi, pour se perpétuer, ses propres processus de symbolisation interne et l'étude des mythes, en fait succession de symboles agencés en récits. Celle de leur évolution nous apprendrait que l'ordre des événements relatés (construction du Temple, serment, trahison, meurtre, résurrection) n'est en aucune façon subordonné à une régle logique ou de continuité formelle. Et pourtant comparant ces mythes à ceux des grandes traditions, et même à certains événements historiques, on s'apercevrait vite qu'ils reproduisent les mêmes caractères et les mêmes détails dans les diverses régions du monde et de l'histoire tant, partout où ils ont vécu, les hommes, comme l'écrivait Claude Lévi-Strauss, ont aussi bien pensé, (pourvu qu'ils se donnent la peine de penser). Les mythes enseignés par la Franc-Maçonnerie combinent ainsi plusieurs caractères. Ils se rapportent à des événements passés dans un temps merveilleux, intemporel, où régnait l'harmonie et en même temps dans un moment du temps réel (la construction du temple de Jérusalem est bien datée), ils enseignent également à l'initié que ces événements mythiques ne sont pas sans rapport avec sa propre vie. Ils se rapportent simultanément au Passé, au Présent et au Futur. Ils symbolisent avec le maçon, avec le temps primordial comme avec le temps historique.

Le fait d'entretenir chez les hommes la capacité d'une approche symbolique, en utilisant les rituels, voie d'accès à toute réflexion sur les symboles, relève bien d'une éducation, car nourrissant l'esprit du franc-maçon en même temps qu'elle le conduit hors des voies du temps de la nécessité.

Le repérage proposé par la pratique maçonnique de constellations d'images symboliques, celles-la mêmes qui structurent de tous temps l'imaginaire de l'humanité, renvoient dans le même temps chacun à ses pratiques d'existence les plus banales, il relève d'une pédagogie (conduite vers). Amenant l'initié en devenir à dresser une espérance vivante devant le monde objectif de la mort, il vise à la transformation euphémique du monde.

Efficacité symbolique

L'efficacité symbolique de la Franc-maçonnerie se révèle dans ce qu'elle a d'exemplaire, en permettant la *structuration de contenus hétérogénes*, et l'on peut comprendre qu'entre les pensées de l'apprenti, qui vient, dans chaque atelier, emporter avec lui le tumulte du monde, les soucis du quotidien, ses luttes et ses inévitables compromissions avec la matière, la démarche qui lui est proposée intervient directement sur son développement personnel. Elle doit l'aider à structurer, à relier entre eux des éléments épars qui, portés à la Lumière des contenus sacrés proposés à sa réflexion spirituelle, vont contribuer, dans une sorte de chemin obligé (*chréode*), à se rassembler, à recoller les deux parties de son être dans la mise en ordre, l'intégration de contenus hétérogènes entre eux, la conciliation des contraires. Ce qui est vrai au niveau de chaque individu ne l'est pas moins au niveau groupal. L'ordre (la mise en ordre proposée à chacun de ses membres par la Maçonnerie spéculative et universelle) permet, de fait, par la maîtrise des langages symboliques, de prendre en compte nombre de significations majeures au travers desquelles l'expérience humaine acquiert valeur et permanence.

La démarche symbolique proposée dans les loges jette un pont, apparaît comme facteur de médiation, exprimant, du fait des échanges, la déclinaison de l'autre. C'est là que réside le véritable secret maçonnique, incommunicable comme tel et encore moins médiatisable puisque fondé sur l'expérience.

Le groupe (les frères de l'atelier) joue ici un rôle certain, tiers qui permet d'échapper à la sérialité, à l'inertie du collectif du fait de la réciprocité médiante et médiatrice de chacun dans le groupe. Chacun des membres de l'atelier y est partenaire, médié en même temps que médiateur. La relation triadique est le modèle symbolique le plus fondamental, la clef de l'initiation, la Loge étant surface de projection et incarnation des structures du mythe.

Si trop d'hommes aujourd'hui, « *en ce siècle de l'éclairement, se voient usurper leur imprescriptible droit au luxe nocturne de la fantaisie* » (Durand), la pratique symbolique proposée par la maçonnerie, en se référant aux manifestations du mythe, par l'enseignement des rituels pratiqués à couvert, permet une réflexion véritablement anthropologique sur la vocation de la subjectivité, facilite l'expression et la communication des âmes. La découverte symbolique et mythique contribue, au triple niveau de l'individu, du groupe et de la société, à redresser le déficit imaginaire par la réalisation symbolique. L'éducation en loge se veut ainsi une réelle cure de réalisation symbolique car elle est un temps d'éducation aux deux sens inséparables car nécessaires du terme : Instruction (*educare*) et capacité de réalisation (*educere*), dans la confrontation des imaginaires à l'œuvre.

C'est ce à quoi nous invitent, singulièrement, les références au symbolisme pratiqué dans ce que les Francs-Maçons nomment les « loges de saint Jean ».

Le château aventureux : les loges de Saint-Jean

« *C'étaient de très grandes forces en croissance sur toutes pistes de ce monde, et qui prenaient source plus haute qu'en nos chants, en lieu d'insulte et de discorde... Qui se donnaient licence par le monde – ô monde entier des choses – et qui vivaient aux crêtes du futur comme aux versants de glaise du potier... Et sur les pas précipités du soir, parmi les pires désordres de l'esprit, elles instituaient un nouveau style de grandeur où se haussaient nos actes à venir (…) Elles promettaient murmure et chant d'hommes vivants...* ». Saint-John Perse.

La Saint-Jean d'hiver

« D'où venez vous ?
– De la loge de saint-Jean, Vénérable Maître. »
(rituel maçonnique).

À qui le rite écossais fait-il ici allusion ? Pourquoi cette référence biblique est-elle présente dans de nombreuses obédiences ? Pourquoi, au rite écossais ancien et accepté, le volume de la Loi sacrée est-il ouvert au Prologue de l'Évangile de saint Jean ? Pourquoi au rite d'York, le vénérable maître déclare-t-il que la loge est ouverte au nom « des deux bienheureux saint Jean » ? Pourquoi les Francs-Maçons se réunissent-ils pour se livrer à des libations et festins, aux deux cuspides de l'année, aux solstices, soit le jour de la Saint-Jean d'hiver et encore celui de la Saint-Jean d'été ? et pourquoi célèbre-t-on ces fêtes à grands renforts de luminaires ?

D'abord rappelons qui était saint Jean l'Évangéliste, ainsi célébré dans les loges, y compris dans celles qui sembleraient les plus éloignées de toute référence religieuse.

L'Apôtre Jean meurt à Éphèse, en 91, pratiquement trois quarts de siècle après le Christ. Cette période est connue, comme le remarque Hervé Dannagh[20], pour avoir vu de multiples courants culturels se côtoyer, lesquels n'ont pas été sans influencer l'évangéliste. Les cultes présents sur le

---

20 Dannagh Hervé, 1999.

pourtour du Bassin méditerranéen, tels le mazdéisme et le mithraïsme, ainsi que la philosophie de l'époque, fondée sur un platonisme populaire, apportent leurs réponses aux angoisses du temps. À l'époque de Jean, le judaïsme est la seule religion à posséder une identité reconnue. Pour affirmer cette alliance avec Dieu, les symboles lisibles sont au nombre de trois : le Temple de Salomon, les Tables de la Loi, le nom ineffable de *YHWH* (Yahvé).

L'Essénisme, secte juive, dont aurait été issu Jean le Baptiste, est marqué par les thèmes gnostiques, par la Kabbale et le shiisme islamique. Il participe d'une conception du salut qui fleurit à côté de la religion de Mithra, dérivée du mazdéisme, fondée par Zarathoustra (Zoroastre), laquelle repose également sur des oppositions (Vie-Mort, Ténèbres-Lumières, etc.) sur la lutte du Bien contre le Mal. Le profane y subissait une descente aux enfers symbolique, une renaissance, une communication des choses sacrées, comme dans l'autre culte à mystères important du monde gréco-romain était liée au mythe de la déesse de la terre cultivée, la déesse Déméter pour les Grecs, Cérès pour les Romains. Il renfermait des objets mystérieux dont l'intelligence devait donner le secret de la vie (Schuré).

C'est dans ce contexte qu'a vécu Jean l'apôtre, frère de Jacques, connu comme *le disciple que Jésus aimait*. Pêcheur de son état, il fut l'un des premiers à suivre le Christ. On le trouve au pied du Calvaire, aux côtés de Marie, le jour la Crucifixion, il y entend les sept dernières paroles du Christ en croix. C'est encore lui qui suit Joseph d'Arimathie pour ensevelir le corps du Christ (Jean 19). Il est de ce fait mêlé au mystère du Graal dont Joseph et les cathédrales gothiques gardent le souvenir. Elles le représentent sous leurs porches tenant un calice. L'Évangile de Jean a été choisi comme support de l'équerre et du compas à l'ouverture des travaux du rite écossais ancien et accepté, la page ouverte étant le prologue de Jean. « *Au commencement était le verbe ...* » On a beaucoup glosé sur la paternité de cet évangile, celui de l'Amour, il est *l'évangile* de la bonne nouvelle de la Lumière, celle qui luit dans les ténèbres de notre ignorance, de l'incarnation du Logos. Transcendant le message hébraïque, il est héritier des différents courants grecs. L'invocation de la Lumière y symbolise avant tout le Christ révélé aux hommes. Elle est révélation du message divin à tous ceux qui par leur comportement et leur ignorance vivent dans les ténèbres. Mais cette lumière c'est, pour les adeptes de l'Art royal, aussi celle de l'Esprit. Quand le croyant reçoit le baptême, il devient alors un saint, car le dispensateur de Lumière, le Logos, était Dieu... L'initié reçoit de même la Lumière et, passant d'une lumière à l'autre, est invité à polir sans relâche sa pierre intérieure. Dans sa confrontation au symbolisme ternaire des trois lumières en loge de saint Jean, il ambitionne d'être conduit vers la Lumière. Ces triades ont pour but de rappeler au maçon la valeur exemplaire de l'ordre transcendant et la perpétuation de celui-ci dans le cadre de l'atelier et du métier. Le Logos y représente le Verbe incarné, la vie. C'est le troisième thème central de la Révélation, celui de l'incarnation du fils de Dieu, le verbe qui devient chair.

« *Au commencement était le Logos*

Et le Logos était auprès de Dieu,
Et le Logos était Dieu[21]. »

Jean ajoute donc, en la soulignant, une notion trinitaire, une valeur nouvelle au Logos : « *il était au commencement et tout fut par lui créé* ». Sans Lui, rien du caractère sacré du Logos qui est assurément tout ce qui touche à la Création, à la vie, à l'éternelle énergie vitale. «*Car ce qui fut en lui était la vie, et cette vie était la lumière des hommes.* »

Pour Jean, la vie est le don suprême de Dieu qui offre son Fils Jésus en guise de sacrifice. Les ténèbres ne l'ont point arrêtée. C'est le combat des fils de la lumière contre ceux des ténèbres qui constitue le début de la Bible et de la révélation évangélique comme un écho de la seconde au premier.

ET LES LOGES DE SAINT-JEAN ?

Le franc-maçon moderne voulant créer un lien historique avec les bâtisseurs de cathédrales, intitule son atelier : « loge de Saint-Jean ». Au Moyen Âge, les deux saints Jean possédaient une popularité importante, sans que l'on puisse établir celui des deux qui était le plus apprécié. À l'époque médiévale, saint Jean l'Évangéliste est très courtisé, adoré, parce qu'il symbolisait la lumière, le Nouveau Testament, l'ami fidèle, le soutien moral à Marie par sa présence lors de la crucifixion.

---

21 Jean 1-1.

Fêté le 27 décembre aux environs du solstice, il donne lieu également à nombre de réjouissances saisonnières, quand le temps s'épuise à faire revenir la Lumière, quand les ombres se font basses sur la plaine. C'est encore une fête prophétique car se trouvant au cœur des jours de raccordement du calendrier soli-lunaire, dans ce temps qui n'en est pas, temps de la divination et des projets car les douze jours qui séparent Noël de la Fête des Rois sont ceux du soleil invaincu des anciens cultes mithraïques. Ils forment la petite année, temps semblable à l'année calendaire et aussi à l'année précessionnelle, dans l'attente du retour des choses à leur place attendue, même si les jeunes gens s'évertuent à prolonger le jour dans ces nuits les plus longues de l'année pour hâter le retour de la Lumière ou pour la trouver dans leurs énergies réunies, ce qui est peut-être du même ordre.

Peut-être est-ce semblable ambition qui rassemble les Francs-Maçons, si l'on sait que caution morale fut accordée par le patriarche d'Antioche, monseigneur Théoclates, soixante-septième successeur de saint Jean, aux Templiers eux-mêmes à l'origine du Saint Devoir de Dieu compagnonnique. Les moines soldats avaient alors comme saint patron, « saint Jean » et reçurent franchises pour bâtir des églises, et libre circulation. De là date sans doute la raison pour laquelle les loges de Francs-Maçons portent le nom de *Loges de Saint-Jean*.

La Franc-Maçonnerie écossaise, a ainsi pris l'habitude d'élire certains officiers le jour de la Saint-Jean d'été lequel, à l'autre porte du calendrier, monte la garde du temps et veille à l'initiation : des plus humbles aux plus hauts personnages, tous passeront « des Ténèbres à la Lumière » et chacun sait en son for intérieur que la Saint-Jean d'hiver où ils connaîtront les peurs de l'angoisse, sera suivie de la Saint-Jean d'été, jour de liesse. Fête plus intériorisée, cette Saint-Jean d'hiver, en raison du symbolisme de la lutte de la Lumière contre les Ténèbres qu'elle affiche, porte en son sein, la promesse de la Saint-Jean d'été. Héritier du Janus *bifrons*, dieu des portes de l'année, Jean préside aux naissances et aux renouveaux, veillant aussi aux portes de la ville et l'on sait que lorsque la guerre menace, que les femmes sont bafouées, et que les innocents sont humiliés, quand l'aube se lève rouge du sang qui a coulé, cela porte quand même un beau nom, « *cela s'appelle l'aurore* ».

La Saint-Jean d'été

« Et toi, plus maigre qu'il ne sied au tranchant de l'esprit, Jean le Baptiste, homme aux narines minces parmi nous. Ô très maigre, Ô subtil prince du désert, vêtu de tes sentences ainsi qu'un arbre sans bandelettes, aux soirs de grande sécheresse sur la terre, lorsque les hommes en voyage se disputaient les choses de l'espoir, tu étais le Guérisseur, et l'Assesseur, et l'Enchanteur aux sources de l'esprit. » Tu t'appelais Jean et lorsque les juifs te demandèrent si tu étais le Christ ou Élie ou encore un des prophètes, tu répondis : « NON, je ne le suis pas, moi, je suis la voix qui crie dans le désert : aplanissez le chemin par où s'avance le Seigneur ». Ainsi, aux rives du Jourdain, en

ces soirs d'été, tu baptisais dans l'eau en attendant qu'il vienne celui qui baptiserait dans l'esprit, celui que l'autre Jean, ton parèdre, aux cuspides du vieux calendrier, désignerait comme Verbe et Lumière.

Depuis des lustres, au jour le plus long de l'année, se rassemblent les foules, le soir du 24 juin, pour regarder des roues enflammées dévaler les pentes des collines et des montagnes, pour danser autour des feux de la Saint Jean d'été, pour faire passer troupeaux et jeunes gens au milieu des fumées et des braises rougeoyantes, pour traverser des rideaux de flammes, en ce jour où la nuit s'épuise à reprendre le contrôle du temps, à nous acheminer vers l'hiver, vers l'autre Saint-Jean.

Car, Saint-Jean d'été, comme en chacun des Temples de l'ordre de l'Art royal, vint au monde pour rendre témoignage à la Lumière. C'est désormais le lot, l'ardente obligation des frères des Loges de Saint-Jean. De fait, depuis que la Lumière s'est révélée dans la parole sacrée, des hommes, qui, se nommant entre eux frères, se rassemblent à pareille époque, en des lieux sûrs et sacrés, pour célébrer saint Jean, celui qui annonce ce que son successeur au solstice d'hiver écrirait, contre tous les dogmes : l'évangile d'amour. Ce faisant, ils ne font que reprendre le fil, chacun à leur place, d'une tradition ininterrompue d'initiés, celle des longues processions donnant accès au portique du temple de Karnak, celle des assemblées des druides dans les forêts des Gaules célébrant le dieu Bélénos, le lumineux, celles des blancs cortèges des initiés d'Éleusis, et encore les cérémonies du cercle intérieur des chevaliers aux blancs manteaux, pénétrant dans le temple de Jérusalem, et aussi le *consolamentum* des cathares, les purs. Les uns et les autres, à pareille époque, célébraient semblablement le Feu et l'Amour et l'on tirait maint présage heureux des fleurs qui s'épanouissaient en cette saison mystique.

Et comme tout symbole a affaire au double, à l'ambivalence nous nous souviendrons aussi que la Saint-Jean d'été, nuit de Walpurgis, pour d'autres était encore, jusque sous les ramures des bocages, nuit de sorcellerie, en fait de cultes anciens pré-chrétiens démonisés par leurs détracteurs et qui valurent à pas moins de 60 000 femmes, qualifiées de sorcières par les autorités, de brûler sur les bûchers du bras séculier du XVIe au XVIIIe siècle dans toute l'Europe. N'avaient-elles pas activé l'orgie et l'énergie en provoquant le retour au chaos ?

Car la Saint-Jean d'été, dans toutes les traditions populaires, c'est aussi la fête du temps suspendu voire du temps vécu à l'envers, quand irradie la lumière de l'été au creux de la nuit quand bascule le temps des ténèbres à la Lumière et de la lumière aux ténèbres.

Derrière ces manifestations, c'est bien la figure double de Jean aux deux visages, (*Janus bifrons*) qui apparaît, réunissant les contraires, comme le *logos* qui marque l'unité divine, comme le pavé mosaïque.

Devant le malaise de l'Occident actuel, devant l'éparpillement des savoirs, l'angoisse du vagabondage, c'est bien le recours aux grandes images qui s'impose pour retrouver le sens du sacré. Et, c'est exactement ce à quoi convie la fête de la Saint-Jean, temps sacré déterminé par les lois, dont Platon rappelait que les lois s'originaient dans la décision des foules.

La Saint-Jean, fête des fêtes, culmine bien ces exigences du temps sacré de la loi et des foules. C'est pour cela que la Saint-Jean d'été entre en résonance avec tout homme libre et de bonnes mœurs comme elle parlait aux initiés de Mithra, et encore aux foules villageoises qui se rassemblaient dans les bocages et les prairies des collines battues par les vents d'ouest.

Temps sacré, la Saint-Jean d'été attire l'énergie vitale du temps, celle qui pousse les amants de la Saint-Jean à passer ensemble les feux de joie, tandis que s'ouvrent les barriques et que se percent les futailles, tandis que des chants de joie se répondent de coteau à coteau tandis que se forment les cercles de danseurs pour bien marquer le retour des choses à leur place attendue.

Car la Saint-Jean est la nuit de tous les possibles, du geste et de l'oralité, de la danse et de la musique, celle des violons qui entraînent les danseurs villageois aux portes de leurs limites. C'est encore la nuit où sont transgressés les interdits, comme les transgressait déjà ce petit homme qui, s'avançant dans le désert, voici deux mille ans, commençait à prophétiser une annonce, celle de l'amour fraternel, à la face de l'officialité de l'époque. Il devait le payer de sa vie comme furent poursuivis, bafoués, persécutés, en d'autres temps, ceux qui, prônant la fraternité des religions, communiaient aux mêmes symboles, tandis que les gardiens du dogme s'épuisaient en querelles souvent sanglantes, hélas toujours renaissantes, tandis qu'étaient fulminés des condamnations, des anathèmes pour des raisons connues de leurs seuls auteurs…

Les traditions de la Saint-Jean viennent confirmer cette culture de la joie simple et du bonheur partagé tandis que le temps s'arrête. Car c'est en ces moments que se joue le destin, elles le savaient bien ces jeunes filles qui allaient, à l'aurore à peine éclose, cueillir les herbes de Saint-Jean dont elles se servaient ensuite pour découvrir celui qu'elles épouseraient. Tressées en guirlande, ces herbes, rassemblées par sept ou neuf, ornaient leurs chevelures et, quand les étoiles scintillaient, elles allaient près d'un ruisseau en contempler l'onde vive jusqu'à ce que leur apparaisse la figure de leur futur. Car l'herbe de Saint-Jean aux pétales brillants, aux étamines dorées passe pour une réplique du soleil, qui atteint son apogée à cette époque. La nuit de la Saint-Jean est donc celle de tous les possibles, celle qui fait rêver les hommes des pouvoirs attribués aux dieux. Entre Lune et Soleil, nos ancêtres avaient compris que la nuit de la Saint-Jean était celle des initiations, celle où l'on quitte le vieil homme, les vieux habits, celle où brûlent les vieux balais et où les enfants nouveaux doivent naître, car c'est la nuit où le temps hésite.

Toutes les chroniques en rendent compte. Ainsi, c'est à cette même époque que les Égyptiens fêtaient chaque année Osiris, dieu du blé, au début de la crue du Nil. Ne disaient-ils pas que la déesse Isis, l'épouse d'Osiris, pleurant la mort de son époux faisait gonfler le cours du Nil des ses larmes, la nuit du 17 juin. Magie et divination se multipliaient alors pour découvrir la durée de la vie de chacun et le signe de la crue s'accompagnait dans le ciel de l'apparition de la brillante étoile Sirius, appelée encore l'étoile d'Isis, elle marquait le début de l'année sacrée égyptienne.

Ainsi, le groupe que forme chaque atelier maçonnique est, bien au-delà des murs mentaux et physiques, relié horizontalement et verticalement à la Franc-Maçonnerie universelle. Au-delà, représentant de la foule des initiés qui l'accompagne depuis le fond des âges, il contribue puissamment à sa renaissance dans la connaissance. Pour les maçons hommage est alors rendu à ceux qui étaient naguère encore présents sur les colonnes et ont, depuis, rejoint l'orient éternel, par-delà, à tous les maçons qui, au prix de bien des sacrifices, pour certains du sacrifice suprême, les ont précédés dans cette démarche de foi et de fraternité. La Saint-Jean d'été, face éclairée du *Janus bifrons*, invite ainsi chacun à réaffirmer solennellement ses appartenances.

La Lumière, épiphanie de l'âme du Monde invite les initiés, face à la marée montante d'images stériles et coupées de toute signification, celles des médias et des modes, à s'adresser aux racines archaïques et permanentes de l'homme, d'un *homo* à la fois *religiosus* et *symbolicus* et toujours *homo ludens*.

Un troisième Jean ?

Un troisième Jean veille, pourtant, entre ces deux faces, l'une grimaçante et l'autre radieuse. Celui-là, il appartient à chacun d'en découvrir la figure, plus secrète.

Comme Janus, et aussi saint Michel l'archange, il préside à la transmigration des âmes, symbolisant à la fois l'Être en soi et les modalités de sa manifestation. Il est à la fois l'Orient et le Couchant, figure de ce qui est intégré et déjà dépassé. Troisième visage, troisième œil, il est – comme Shiva – maître du triple temps. À travers cette structure, dans son constant devenir, il est transcrit par la polarisation entre « montée » et « descente ». Il est ouvreur messianique des Temps nouveaux, régénérateur de l'humanité, passeur des âmes. Car, peu à peu, l'âge d'or se dégrade, et ce troisième Jean fait le jeu de la régénération de l'énergie cosmique. Dieu de la naissance, Janus est aussi dieu de la re-naissance. C'est à ce titre qu'il joue un rôle dans les rituels, qu'il y préside tout naturellement et accueille le néophyte.

Mais qui a dit qu'il ressemblait comme un frère à notre ennemi intérieur ? Celui que l'on nous présente et que nous ne voulons pas voir ? Figure paradoxale, à la fois rassurante car familière et effrayante car inconnue, et cette double valence terrifiante et fascinante n'est elle pas la nature même de l'accès au sacré ? Chaque homme éclairé, en fait, un jour, la découverte et doit l'affronter dans un combat sans merci. Nul n'y échappe, et cette prise de conscience n'advient jamais au même moment dans chacun des parcours que nous assumons volontairement. Car, « *quand l'âme crée des symboles, elle le fait par désir d'évoluer et de se renouveler* » (Drewermann).

Dans certaines traditions ce dieu porte le doux nom d'Aor, à la fois Organique et Énergie, car il est Origine, puisque le Verbe créateur est à l'origine des choses symbolisé dans la civilisation chinoise par le double triangle aux pointes inversées. Aor correspond au sexe féminin, à la douceur, à l'amour, aux vibrations lumineuses. Il est le moteur immobile, c'est aussi, en nous, la part qui nous ressemble le moins et que nous n'aurons jamais cessé de chercher.

Pour les francs-maçons, et, curieusement, nous retrouvons ici une idée développée dans un tout autre contexte par Wilhelm Reich (un écrivain qui n'a en commun avec cet ordre que la haine farouche que lui ont vouée les fascismes brun ou rouge) : les énergies vitales excluent les formes obsessionnelles du devoir et de la moralité. L'individu, élevé dans une atmosphère de mépris de la vie et de son corps, de son sexe, acquiert un plaisir/angoisse sur le terrain duquel se créent les idéologies qui, niant la vie, forment la base des dictatures. Elles manifestent le fondement de la peur de vivre d'une manière libre et indépendante. D'où la structure caractérielle de l'homme d'aujourd'hui, marquée par une cuirasse :
- contre la nature en lui-même,
- contre la misère sociale, extérieure à lui-même.

Car, écrit Reich, « *les êtres humains ont adopté une attitude hostile contre ce qui, en eux, représente la vie et se sont éloignés d'elle. Depuis lors, le devoir a remplacé le plaisir naturel de travailler et d'agir* ».

Maçons libres dans des loges libres, les écossistes doivent puiser en eux-mêmes et dans le secours fraternel de l'égrégore, le sentiment de leur devoir, non par conformité à des normes extérieures, imposées, mais bien par reconnaissance de cette attitude existentielle face au destin. C'est ce qui fonde la liberté du franc-maçon, son irrépressible soif de vie, d'amour, son élan vital aurait dit Bergson. Le rituel et les références calendaires au cycle de la vie n'en sont que des adjuvants le relint à l'ordre cosmique, lequel l'entraîne dans une formidable appétence de vie s'opposant irréversiblement aux forces de la nuit.

L'écossisme[22] du siècle des Lumières se trouve ici face à une conception syncrétique proche et de la théosophie de la Lumière, et des initiés soufis de la Perse médiévale, lesquels définissaient le Grand Architecte ou Grand Géomètre de l'Univers, essence de toutes choses et encore comme *Force (énergie)* suprême, directement lié au symbolisme de la Lumière. Tout ceci les conduisant vers une position hautement symboliste après avoir débarrassé la religion des pesanteurs liées aux usages qui en sont fait en termes d'asservissement, de contrainte morale surtout dans sa forme inquistoriale : « *Dieu, symbole des forces naturelles de la vie, de la bioénergie de l'humanité, le diable symbole de la perversion des forces vives, voilà les réalisations ultimes de l'analyse caractérielle, appliquée à la nature de l'homme* », écrivait encore Reich.

Il existe une énergie universelle pénétrant toutes choses, laquelle comble certaines lacunes dans notre compréhension de l'univers, il appartient à chacun de s'en sai-

---

22 Pour l'écossisme, la religion naturelle bien comprise repose « *d'une part sur l'expérience personnelle de l'esprit et d'autre part sur l'observation personnelle des phénomènes de la nature et de l'histoire dans une perspective ontologique... elle implique que l'être humain a la capacité de comprendre l'Être à partir de l'observation de ces phénomènes* ». In Négrier Patrick, *L'éclectisme maçonnique*, éd Ivoire Clair, Paris, 2003, p. 273.

sir de se mettre en chemin sur les sentiers de sa propre quête du Graal, ce Graal que chacun d'entre nous porte en lui, insaisissable et mystérieux.

Ce troisième Jean est peut-être l'inspirateur d'un des livres les plus mal compris de la tradition chrétienne, l'Apocalypse, aujourd'hui souvent évoqué en cette période de désenchantement du monde que nous traversons. Plus que rupture, il est en effet dévoilement de régularités anthropologiques à l'œuvre dans notre civilisation, des druides à René Guénon. Il dévoile un ésotérisme de l'Apocalypse, lequel fait lien entre les traditions dont il est question ici.

Ésotérisme de l'Apocalypse

« *Car il n'y aura aucune comparaison des autres forces de ce monde à la force de cette pierre: car elle vaincra toute chose subtile, et pénétrera toute chose solide... Cette pierre est appelée parfaite car elle a en soi la nature des choses minérales, végétales et animales.* »
Les commentaires d'Hortulain à la Table d'Emeraude. Hermés Trismégiste (XIVe siècle). Bibliothèque des philosophes chymiques, t.1, Paris, Charles Angot, 1672.

L'adverbe grec εισω (*eisô*) signifiant dedans, l'enseignement ésotérique d'un philosophe était celui qu'il réservait à ses disciples, ce qui laisse d'ailleurs entendre qu'il ne peut y avoir d'ésotérisme sans exotérisme, soit un enseignement accessible à la grande masse. Par extension, ésotérisme a signifié savoir réservé, enseignements secrets tenus pour immémoriaux transmis d'âge en âge par des chaînes de disciples. Cette métaphysique ne faisait d'ailleurs pas l'objet d'un enseignement systématique mais était plutôt laissée à l'initiative de chacun, l'initié devant se construire lui-même son édifice doctrinal à partir de sa méditation personnelle.

Il s'agit bien d'une gnose, connaissance accessible à l'ésotériste par une sorte d'intuition supra rationnelle qui se donne comme une connaissance traditionnelle procédant par synthèses unificatrices.

Parlant de *l'apocalypse*, dont le sens est *dévoilement,* on conviendra que la perspective ésotériste ne saurait être absente de notre réflexion dans la mesure où précisément nous sommes peut-être là en présence de la révélation de "*choses enfouies depuis la création du monde*", comme dit René Girard, et mises au jour dans le texte de saint Jean. Comme une des constantes de la pensée ésotériste est de rechercher, par-delà les différences conjoncturelles, les époques, les religions et les climats, un noyau intérieur récurrent de vérités cachées, le rapprochement de l'ésotérisme et de l'Apocalypse de Jean n'est rien moins qu'aventureux car il ne saurait se référer "*au credo unique de l'unique sens de l'histoire, au verrouillage et à l'alignement strict de toutes les valeurs sur un modèle fermé, auquel s'oppose l'ordre ouvert de l'archétype s'ouvrant aux puissances irréductiblement plurielles des mythes* (Durand)."

La matière apocalyptique relève ainsi bien de l'imaginaire comme le faisait remarquer André Prévost, dans son édition de l'*Utopie* de Thomas More, citant les livres de la Genèse et de l'Apocalypse, "*la Bible se crée un langage propre où la figure tient lieu de mot, elle inverse le mouvement habituel que suit la matière verbale et retourne l'instrument du discours... dans le langage prophétique, l'image devient dominatrice : elle brise les entraves du syntagme et de la syntaxe pour faire éclater ses virtualités propres. Le rédacteur sacré devient créateur d'images...*"

Pour nous, quand la pléthore technocratique transforme la société en société anonyme de production, quand l'individu crie son angoisse, la profondeur révélée de l'imaginaire enfoui au cœur de nos sociétés est sans doute voie de réconciliation entre les contraintes induites par les milieux sociaux et naturels et les intimations de nos désirs sous-jacents. La gnose opère ainsi la connaissance salvifique, la mutation intérieure de l'homme.

Le thème de l'Apocalypse procède bien, entre foi et savoir, de ce *mundus imaginalis* dont nous avons été depuis trop longtemps écartés et qui resurgit sous nos yeux avec d'autant plus de force et de vigueur que l'on avait tenté de nous le faire oublier et, au sens propre de nous faire prendre des vessies pour des lanternes. Dans sa mise en forme attribuée à saint Jean, il relève de ce que nous nommons une structure anthropologique de l'imaginaire. En témoigne la présence redondante du chiffre sept.

Ainsi, après les sept églises d'Asie, les sept sceaux sont mis en rapport avec les 4 vivants qui ressuscitent les 4 cavaliers ont été assimilés aux 4 évangélistes ou aux 4 modes de manifestation du Verbe et sont à mettre en concordance avec les 4 fleuves du paradis, les 4 vertus, les 4 points cardinaux, comme les 4 chevaux montés par 4 cavaliers sont associés à 4 couleurs tandis que les 3 autres sceaux parachèvent la vision ascendante vers la purification.

L'Apocalypse explore la manière dont l'homme nouveau réintègre l'état de communion intime qu'il entretenait avec Dieu avant la chute. Elle présente en fait une initiation en trois volets :
- le premier constitué de 7 étapes représenté par les 7 églises et les 7 sceaux.
- le second avec les figures antithétiques de la Bête à 7 têtes et de l'Agneau. La Bête à 7 têtes représente les pulsions profondes empêchant l'homme de se réconcilier avec Dieu. La Jérusalem céleste, où siège l'Agneau, qui figure la conscience éclairée, repose désormais sur 12 assises : soit les 12 signes du Zodiaque et les 12 apôtres.
- Le troisième c'est la femme nimbée représentant le Monde dans toute sa nature et sa beauté, l'incarnation bien comprise de l'Homme.

On y trouve encore d'autres septénaires : 7 cornes, 7 coupes, 7 trompettes, 7 tonnerres. Le Christ tient 7 étoiles dans sa main droite et marche au milieu de 7 candélabres d'or.

Cette occurrence du sept n'est pas pour nous surprendre dans un texte sacré, Michel Cazenave a montré que le nombre 7 est le plus important dans les civilisations orientales après le 3 dont il est en quelque sorte une extension.

Chez les suméro acadiens, les 7 démons étaient assimilés aux 7 planètes et chez les juifs le sceau de Salomon septénaire, si l'on compte le point central, figure aux rosaces de nos plus grandes cathédrales.

Si le septénaire est au ternaire ce que le ternaire est à l'unité, il manifeste un principe deux fois développé et nous pouvons le vérifier dans l'évolution de la gamme chromatique, comme dans celle de la gamme musicale, ou encore des planètes ? Le septénaire est la mesure des cycles révolutifs, la norme des manifestations objectives sacrées, de tout ce qui est gradué dans une progression continue (plans de l'Univers, phases de développement, création du monde obéissent à la loi du sept, ordre de la semaine, âges de la vie, cycles naturels).

Nous voyons comment l'Apocalypse de Jean fixe une thématique archétypale à portée universelle. Elle s'origine à la fois dans la tradition indo-européenne, où l'univers est composé de 7 sphères ou plans distincts regroupés en trois règnes fondamentaux. Ainsi les *Vedas* font apparaître 7 langues de feu qui représentent la vie ou *prânà* laquelle possède 7 pouvoirs ou principes lesquels sont manifestés par les 7 voyelles de l'alphabet sanscrit et les 7 chevaux qui traînent *Agni,* symbolisant dans leur dénomination, l'exaltation de la matière en pur esprit de *rûpa à atma*). Les trois derniers chevaux ou états (*manas, buddhi* et *atma*) représentant l'ego permanent. Dans cette philosophie, le temps a 7 roues et se meut sur 7 nefs, les univers traversant des périodes septénaires elles-mêmes soumises à des subdivisions septénaires. Il passe par 7 rondes comprenant chacune 7 chaînes planétaires de 7 globes, soit le cycle évolutif de la terre au ciel et du ciel à la terre. Les bouddhistes ont repris cette évolution mystique. Chez Zoroastre, dans le Zend Avesta, le monde a été créé en 7000 avant J.-C. (toutes les planètes se trouvant en conjonction dans le Bélier) et doit prendre en 7000 après J.-C. (toutes les planètes se trouvant en conjonction dans les Poissons), chaque cycle comprenant 4 périodes de 1750 ans. On reconnaît là le rapport du 7 au 4 pointé dans le récit de Jean. Agrippa disait que selon saint Jean, au VIIe millénaire, après l'enchaînement du dragon, les mortels pourraient se reposer et trouver la tranquillité.

Plus tard, Nostradamus fixera la venue de l'Antéchrist à 7000 ans.

Dans la **religion des Celtes,** enseignée par les druides, et dont nous connaissons, depuis les travaux de l'école Dumézilienne, les origines indo-européennes, la mythologie irlandaise est organisée autour de la théorie mythique des 4 âges de l'Humanité, on y lit dans le récit fondamental de la bataille de *Mag Tured* (*Cath maige Tured*), la lutte des dieux de l'Irlande contre les *Fomoire*, génies oppresseurs et destructeurs, remake de la lutte des Ases et des Vanes, des Dieux et des Titans, soit un mythe cosmogonique doublé d'une annonce d'Apocalypse. Le chiffre 7 n'y est pas moins présent : il y a 7 portes au château de Mac Däthoet l'on y trouve 7 femmes pour un homme. Fergus le géant irlandais a 7 fois la longueur du corps d'un homme, Cuchulain enfant accomplit 7 exploits et exécute le dernier à 7 ans. Il sera aimé de 50 femmes (carré arrondi de 7). Les jeunes irlandais de la cour de Conchobar sont 3 fois 50 et il y a 3 fois 50 chambres dans le palais du roi. Quand le chef des file irlandais arrive à la cour il a, avec lui, 3 fois 50 poètes.

Grands connaisseurs de l'astronomie, les druides savaient qu'un cycle complet d'activité héliaque est de 77 ans et, s'interrogeant sur les 7 influences des planètes de la sphère des fixes connues à leur époque, ils se représentaient les cieux en trois dimensions ou cercles concentriques (Ambelain).

- *Keugant* : le monde vide (extérieur),
- *Abred :* la fatalité, le destin, intermédiaire,
- *Gwenved :* le monde blanc , la béatitude finale.

Leur représentation imagée n'est pas moins significative :

- *Keugant :* 37 feuilles de chêne à 7 nervures et 11 glands,
- *Abred* : 12 rameaux de feuilles de gui,
- *Gwenved :* 7 épis de 11 grains.

On voit ici le rapport des chiffres entre eux, lequel nous est déjà connu : les 12 rameaux à relier au cycle annuel et les 7 épis correspondent aux 7 corps astraux (les 7 sceaux) et l'on sait que les druides comptaient 7 sens :

– 2 pour la perception matérielle : le toucher et le goût,
– 3 pour la perception non matérielle : la vue, l'ouïe, et l'odorat,
– 2 pour les extra-perceptions : la perception à distance (télépathie) et l'intuition.

De même la classification des éléments des druides en comptait 7: terre, eau, air, feu, vents (fluides et courants cosmiques), brumes et enfin la farine de l'air (*nwyne*) seul corps véritablement simple, à la base de la matière.

"*Sept soleils et sept lunes,*
sept planètes ou destinées y compris la poule,
Sept éléments, y compris la farine de l'air [23]", dit le Barzaz Breizh.

Enfin, les druides enseignaient la présence non d'une Jérusalem céleste mais du Sidh[24]. Séjour des dieux dans des îles lointaines ou profondeurs aquatiques, jardin des pommes, inaccessible et demeure des immortels, il s'ouvre à la fête de Samain. En sortent les échos de la fête et de l'abondance que les humains envient et tentent de s'approprier. Le temps et l'espace y sont abolis et le voyage des humains y est irréversible.

Ne subsiste de la théodicée celtique que les triades, les dieux des Romains ayant supplanté une religion pourvue d'un incontestable élan métaphysique.

MOYEN ÂGE

Les images de l'Apocalypse resurgissent 7 siècles plus tard dans les récits arthuriens, où se subsument diverses influences chrétiennes, celtes, nordiques et orientales. Le récit de la journée de Pentecôte qui débute la Quête du Graal dans le roman d'un auteur anonyme inspiré des cisterciens, *La Quête du Graal*, ne faillit pas à l'inspiration septénaire que nous avons pointée, elle est en effet organisée en sept phases[25] ou événements significatifs décri-

---

23 Hersart de la Villemarqué T, .1963.
24 Guibert de la Vaissière V., 1998.
25 Sorval (de) G, 1982.

vant une progression en 7 degrés tandis que 150 (donc 3 fois le carré de sept) chevaliers partent en quête, les 7 premiers sont nommés : Galaad, Lancelot, Gauvain, Perceval, Bohort, Lyonnel, Helain le Blanc. Ils parviendront au château du Graal par 7 étapes chacun, on retrouve ici la correspondance des 7 sphères planétaires.

Pour les alchimistes, les phases de l'élévation mystique des individus sont symbolisées par 7 métaux et leur purification progressive de la calcination à la coagulation, la *pierre philosophale signifie libération, vie éternelle, métal pur car "le nombre 7 est le nombre le plus parfait que le créateur employa pour l'émancipation de tout esprit hors de son immensité divine".*

ÉPOQUE MODERNE

Aux XVIe et XVIIe siècles, nombre de traités insistent sur le chiffre 7 et le présentent comme une valeur fondamentale la plus souvent représentée dans l'écriture, principe structurel autant par ses caractéristiques proprement arithmétiques que par ses valences symboliques, révélatrices de la nature intérieure des choses. Leibniz lui-même (1646-1716) ne dédaignait pas de se fier à cette tradition arithmologique.

L'œuvre majeure des Rose-Croix, *"Les noces chymiques du père Rosen Creutz"*, se déroule sur 7 jours et présente un récit initiatique démarqué de l'Apocalypse de Jean auquel se mêlent des influences alchimiques, orientales et germaniques mythiques.

Au XVIIIe siècle, les théosophes et illuministes, notamment allemands, accordent une importance considérable aux nombres. Ils les considèrent comme intermédiaires privilégiés repères des structures de l'ordre du monde, indices porteurs d'une charge ontologique.

Eckartshausen y voyait la trace laissée par la sagesse divine au sein de la Nature, langage privilégié dont le déchiffrement est un retour à Dieu, simultanément Unité, Origine et Fin, réconciliant monde physique et intelligible à la lumière de l'Esprit.

Le plus prolixe de ces grands ésotéristes est sans conteste Swedenborg, lequel, sujet à des illuminations de 1744 à 1745, publia jusqu'à sa mort, les huit volumes d'*Arcanes célestes* et les sept volumes de *l'Apocalypse expliquée*.

PÉRIODE CONTEMPORAINE

Au XIXe siècle, les romantiques (Von Baader) prendront le relais et la thématique apocalyptique pénétrera la littérature à grande diffusion. Sans nous attarder sur ce point, nous savons que les groupes rosicruciens et théosophiques ont largement repris et entretenu un pareil symbolisme souvent puisé aux sources les plus érudites. Papus (Gérard Encausse) et Spencer Lewis en sont les figures les plus connues. Ils ont aussi trouvé lieu d'expression dans le mouvement des théosophes d'Helena Petrovna Blavatsky et Annie Besant.

Dans l'opéra, l'œuvre de Richard Wagner dévoile une inspiration ésotérique constante présente dans ses dix œuvres majeures reprenant les mythèmes de la conversion, des épreuves et du voyage, de la solidarité chevaleresque et culminant dans l'utilisation de la musique (sa fonction orphique) au service d'un sens caché oscillant entre magnification de l'héroïsme et acceptation de la décadence, du déclin fondamental. Son impact fut énorme et n'a pas fini de nous étonner ; elle nous enseigne que la Quête, paradoxalement "*engendre les déserts qui naissent des désirs et qu'en même temps elle les défait*" (Durand).

Au XXe siècle, René Guénon prophétisera la fin de l'Occident dans la pire des barbaries: "*soit dans une guerre gigantesque soit par les effets de quelque produit qui, manipulé maladroitement, serait capable de faire sauter non plus une usine ou une ville mais tout un continent*" (*Orient et Occident*, 1923). Pour lui, l'humanité est entrée dans la période la plus sombre de cet Âge sombre qu'il nomme *Kali Yuga,* l'Âge de fer de la mythologie grecque, en référence à la théorie des cycles cosmiques des hindous. Le progressisme ne fait que hâter cette décadence en la précipitant dans l'abîme car l'éloignement du Principe accentue, accélère la dégénerescence de toutes choses… l'âge des conflits conduit au cataclysme. Une fois le désordre étendu à toute la planète, la restauration de l'ordre s'opérera sur une très vaste échelle amenant le retour à l'état primordial, la Jérusalem céleste, le *Saty Yuga* de l'hindouisme. C'est alors que les ténèbres de la nuit la plus obscure se révèlent les plus épaisses que se lèvera enfin l'Aube dorée du nouveau cycle.

Nous sommes ici dans la théorie de l'Éternel Retour. Les 7 futurs y correspondent au 7 *swargas* ou états supérieurs de l'être humain, ou encore aux 7 *dwipas* ou régions du Monde, ou encore aux 7 terres et aux 7 rois d'Edom.

Pour Guénon, la métaphysique est connaissance de ce qui est au-dessus de la Nature et réalisation de l'Unité principielle, le Soi, elle se manifeste à travers 7 degrés passant de la puissance à l'acte, rejoignant en un raccourci audacieux la théosophie d'Ibn Arâbi et la théologie de saint Thomas. Réflexion de grande portée, nous invitant à nous détourner de l'apparence des choses pour en pénétrer le sens sacré, cette profondeur que chacun de nous porte en lui, sans parfois qu'il en ait bien conscience et qui peut le surprendre quand elle parvient à la révélation, à la découverte de notre troisième Jean, lequel reflète sans doute notre présence divine

À l'autre bout de la chaîne du trajet anthropologique, les mythèmes de l'Apocalypse, dont nous avons vu ce qu'ils devaient à la connaissance intérieure, ne sont pas sans avoir contaminé des secteurs où on les attendait moins et nous ne pouvons pas, pour conclure, ne pas mentionner les travaux de Michel Michel, Gilbert Durand, Georges Lerbet, ou ceux de Michel Maffesoli, soulignant justement le retour du tragique dans les sociétés postmodernes. La triple conjonction de :

– l'épuisement de la prédominance du régime héroïco-ascensionnel des images,
– la sociabilité horizontale post-moderne des réseaux et tribus,

– l'inquiétude des périodes de grandes mutations socio-culturelles,

ne peut en effet que nous inciter à repenser nos certitudes les plus ancrées en nous donnant rendez-vous avec les mythes des nouvelles libertés qui nous restent à conquérir et qui s'ancrent dans un imaginaire social créateur et instituant comme dans la conversion de notre regard.

De fait, comme l'écrit Georges Lerbet, « *quand l'homme approfondit son intériorité vers plus de vacuité, il conjoint sa connaissance à plus de divinité... dans l'homme la divinité est une potentialité qui donne sens à la vie de chacun, essentielle et permanente, conjecture fondamentale et introuvable* ».

C'est aussi la leçon que nous tirons d'un univers dont on voit bien qu'il se conjoint à celui de l'écossisme également entièrement habité par le symbolisme du septénaire, celui des mythes et symboles liés à la quête du Graal et des objets sacrés. Le Temple de Salomon fut construit en 77 mois et l'initié se réalise dans le franchissement de 7 marches, images des 7 degrés principaux qui le conduiront à une certaine maîtrise. Car, « *le testament moral du septième arcane, est la foi inébranlable en la plénitude sans limite des possibilités ouvertes à la volonté de l'homme. Il figure l'apothéose de la volonté s'élevant au-dessus des influences cosmiques de la somme des causes secondes, autrement dit dominant les sept leviers qui dirigent l'énergie dynamique de l'univers* (Marcotoune)».

Graal et Écossisme

Le rite écossais ancien et accepté a ainsi affaire, selon nous, en maints degrés à la chevalerie arthurienne. Courant de la Franc-Maçonnerie spiritualiste émergé au XVIIIe siècle, il proviendrait de la condamnation par l'Eglise (Innocent XII) du livre de Fénelon sur *Les Maximes des Saints* prônant le pur amour lequel permettait de passer au-dessus des dogmes, des confessions, des politiques. Le Chevalier de Ramsay[26], un des principaux théoriciens de l'Art royal, était un familier de Fénelon et de Mme Guyon, sa confidente, laquelle professait, chose quasi impensable pour l'époque (et débat loin d'être clos ces temps-ci !), que l'on pouvait être sauvé en dehors de l'Église catholique.

Introduisant un but initiatique et mystique absent des Constitutions d'Anderson, par la recherche du pur amour, il fit remonter l'Art royal à la plus haute antiquité juive, ainsi la figure de Galaad est recouverte par celle de Lancelot comme Lancelot ne connaît son nom qu'après avoir passé les épreuves des passages de l'eau qui viennent clôturant ses enfances le faire advenir à l'âge adulte. Sans aller jusqu'à étudier les grades de chevalerie de l'écossisme, par ailleurs très diffusés, nous nous bornerons ici à relever plusieurs thèmes qui traversent les ate-

---

26 Son discours (1737), maintes fois publié, est reconnu par les Francs-Maçons comme le point de départ des Hauts Grades écossais et d'une réflexion métaphysique dans les loges.

liers de perfection travaillant au rite écossais ancien et accepté.

GALAAD ET GALAADITES

« *Je vois à découvert ce que langue ne saurait décrire ni cœur penser. Je contemple ici l'origine des grandes hardiesses et la raison des prouesses. Je vois ici les merveilles de toutes les prouesses. Je vois ici les merveilles de toutes merveilles* ! » (La Quête du Saint-Graal).

D'abord la mention du chevalier de la Table ronde, Galaad, le seul à terminer la quête du Saint-Graal est à considérer et ce pour plusieurs raisons :

a) La première c'est le roi Galaad (mentionné 116 fois dans l'Ancien Testament) qui porte ce nom, particulièrement au Livre des Rois. Sa province, d'où le prophète Elie est originaire, est la plus à l'Est de la Terre Promise, à l'est du Jourdain. Les descendants d'Abraham, d'Isaac et de Jacob, par Joseph et par Makir, le père de Galaad, s'y installèrent car la terre fut donnée à Makir par Moïse. Galaad donna ainsi naissance à la tribu des *galaadites*. Ils sont donc, en quelque sorte, établis « *à l'Orient de l'Orient* ».

En regard, dans le roman médiéval, Lancelot du Lac reçut en nom de baptème celui de Galaad. Mais c'est son fils Galaad le pur, troisième du nom, né d'une liaison de Lancelot, à son insu, avec la fille du riche roi Pêcheur, Brisane, qui achèvera les aventures du Graal et sera illuminé.

La première remarque porte sur la transmission de l'initiation d'une génération à l'autre. La chaîne de transmission de l'initiation est aussi d'ordre vertical et l'un des vecteurs en est le mot sacré. La transmission des noms fait ici usage de la substitution.

b) La seconde porte sur la recherche de l'Orient. Dans les montages d'Asie Mineure, se tient le château aventureux, aux portes de l'Asie, en marche des pays de l'Islam et ceux de la Judaïté. Le mont Galaad est ainsi nommé au Livre des Chroniques, sa capitale est Mitspa important lieu de culte de la déesse de la fécondité Astarté (divinité lunaire) à l'époque d'Osée, non loin du Thabor et l'on sait désormais quel isomorphisme lie le domaine de la féminité au Graal, la coupe de souveraineté et de fécondité.

La mention de ce lieu symbolique semble présenter des traces de syncrétisme religieux dans le Livre sacré lui-même. Nous lisons chez Henri Corbin que le motif du voyage vers l'Orient est présent également dans la tradition du soufisme, l'étranger ne pouvant l'atteindre avant l'échéance d'un certain délai, dans son exode vers sa patrie de lumière. C'est la transmutation par le voyage qui est au fondement de la théorie soufie de la connaissance. La quête initiatique ne se réalise pas sans voyage, sans se mettre en état de nomadisme métaphysique. C'est le sens des voyages proposés par le rituel écossais et cette philosophie n'est pas seulement « orientalisée», elle est aussi, et d'abord, orientale, car c'est bien cet horizon de la sagesse orientale que le maître montre à l'adepte. Elle est orientale, illuminative, car « *l'aurore levante est,* écrit

Henri Corbin, *la substance de l'Orient, (ishrâq, shorûq, mashriq). L'Orient c'est l'éternelle aurore des Lumières archangéliques du plérôme, et ce sont les aurores des lumières qui fulgurent sur l'âme et qu'elles attirent à elles. À ces aurores se lève la cognitio matutina, qui est une connaissance orientale parce qu'elle est l'Orient de toute connaissance* ».

La qualification d'orientale ne se motive qu'en raison de sa source transcendante. Et Corbin d'évoquer l'explication avicenienne de la connaissance faisant éclore celle-ci non d'une opération abstractive de l'intellect humain, mais d'une illumination de l'intelligence agente irradiant une Forme sur l'intellect possible.

c) Ainsi commence le voyage qui conduit le pèlerin jusqu'au Sinaï mystique, au sommet de la montagne cosmique. La Terre de Hurqalya et ses cités, le mont Galaad, le mont Aventureux, le *Mons securus* de la légende arthurienne, but ultime de la Quête, sont bien, chacun dans sa tradition, les témoins archétypes de l'effort de sortie de ce monde qui caractérise l'initiation écossaise. Au lieu de succomber aux philosophies et aux expériences du passé, au lieu de se subordonner à un monde extérieur qui lui semble étranger, l'âme doit intégrer ce monde à elle-même. Elle les surmonte, en fait elle-même une demeure. Elle s'en rend libre en les libérant.

Deux siècles et demi avant la Renaissance, comme l'ont établi Emma Jung et Marie-Louise Von Franz, les romans arthuriens enseignaient à leurs lecteurs comme le fera plus tard François Rabelais dans un autre registre, (son abbaye de Thélème, atteinte au prix d'une navigation, recèle autant de merveilles que le Château Aventureux), l'élargissement de la conscience, la possibilité pour l'homme d'établir une liaison directe avec le divin présent en lui et, dans le même mouvement, de participer à la régénération du Monde. C'est le sens de la *quintessence*, secret ultime qui ne peut se révéler que graduellement à l'initié. C'est le but de toute **G**nose et des disciplines qui permettent de l'atteindre : exercice de la **G**éométrie, de la **G**uématrie, quête du **G**raal, de Dieu (**G**od)…

Pour le philosophe Bruno Pinchard, en ses *Méditations mythologiques*, – et c'est ce que nous a appris la fréquentation du mythe arthurien –, « *la méditation mythologique ne cherche pas une foi mais une perspective, c'est sa manière de prendre en toutes chose le parti pris de l'Âme... Elle est au service d'une liberté poursuivie, aussi loin qu'il est concevable... et tout le patrimoine légendaire et mystérieux vient s'y exposer à la jointure de la mécréance et du mystère*[27] ».

Structure à la fois historique et anhistorique, le Graal est langage, significatif de la condition humaine. Sa fonction médiatrice est encore croyance, tant il suscite adhésion. Il est moteur de réflexion, de désir, de volonté, possède réellement une efficacité symbolique. Pour ceux qui tentent d'assumer cette figure mythifiée, il s'agit bien d'une expérience, non pas une perception de sujets enfermés en eux-mêmes, mais sentiment d'un effort voulu,

---

27 Pinchard Bruno, *Méditations mythologiques*, Paris, Les Empêcheurs de penser en rond, Le Seuil 2002.

incarné dans la résistance, dans les sensations vectorisées par un effort de l'être, « *saisissant globalement la constance des sujets, leur incarnation et leur liberté* » (Emmanuel Mounier).

Brisant l'unidimensionnalité des discours, nous comprenons désormais que ce modèle fonctionne bien comme transversalité, comme projection fantastique de la réalité activant à la révélation de l'imaginaire individuel et social. Il prend sens à la fois dans l'actualité du mythe et dans l'inscription dans des territoires réels, ceux qui organisent aujourd'hui le passage comme ils ont pu l'être dans d'autres espaces, dans d'autres temps, ceux que connaissaient les rédacteurs des légendes bibliques, comme les poètes et scribes de la Légende arthurienne, lesquels ne pouvaient à notre sens qu'être au sens propre « ***initiés*** ».

Ainsi avons-nous senti très tôt la dimension d'un avenir ancré dans l'Imaginaire social de sociétés dont rendent compte les littératures qui en sont issues, rendues plus intelligibles tant mythe et eschatologie ont en commun comme l'avait bien vu Paul Ricœur la « *force du vécu* ». Car le mythe, dans son expression symbolique, n'est-il pas pétri des profondeurs de l'humain ? Ne correspond-il pas « *à l'émergence du désir constitutif du sujet tel qu'il peut se faire jour, travesti et déformé par le jeu des convenances[28], des contraintes et des interdits sociaux* » (Ardoino) ?

Ce faisant, nous avons encore l'opportunité, tant soit peu, de participer à la réalisation d'une sociologie du

---

28 Ardoino V. Préface à Torrens, *Mythes et symboles en dynamique de groupe*, Paris, Bordas, 1974.

sacré, telle que la définissait le Collège de Sociologie, soit :
- *l'étude du sacré impliquant celle de l'existence sociale dans toutes ses manifestations,*
- *l'établissement de points de correspondance entre les tendances obsédantes fondamentales de l'étude de la psychologie individuelle et les structures directrices qui président à l'organisation sociale et commandent ses révolutions."*

Comme les pierres taillées cultuelles, il renvoie ainsi au mythe du Grand Architecte et il faut se rappeler que les Tables de la Loi étaient des pierres taillées.

Projection verticale de la clef de voûte céleste, la pierre d'exil (*lapis exilis*) ou pierre du ciel (*lapis coelis*) est identique au rocher d'émeraude qui forme le seuil du pays de Qâf, dans la tradition musulmane à la fois centre du monde et son extrémité. Lieu intermédiaire entre le monde terrestre et le monde angélique, il est celui où s'incorporent les esprits et se spiritualisent les corps, celui du Principe eucharistique dont se nourrissent les élus (Ponsoye).

Livre 3 :
UNE ANTHROPOLOGIE RENOUVELÉE

Sociologie du sacré : « *l'étude du sacré impliquant celle de l'existence sociale dans toutes ses manifestations, l'établissement de points de correspondance entre les tendances obsédantes fondamentales de l'étude de la psychologie individuelle et les structures directrices qui président à l'organisation sociale et commandent ses révolutions* ».
Le Collège de Sociologie, *1979.*

On l'a vu, entre mythe et terroirs, entre études littéraires et pratiques rituelles, les thématiques qui croisent l'inspiration des bâtisseurs du temple (devenus nos constructeurs des cathédrales, les compagnons, puis les maçons spéculatifs écossais) et les romans du Graal sont largement imprégnées du même substrat philosophique et métaphysique.

Elles entrent en complémentarité en assignant aux unes et aux autres la place qui leur revient dans un système marqué par la tripartition fonctionnelle. Elles éclairent de façon différenciée les degrés de l'initiation.

*

Au cœur de ces processus, il m'a semblé intéressant de proposer une réflexion qui me semble incontournable et que trois auteurs contemporains ont développée, chacun dans des directions que l'on pourrait penser diverses, tant leurs implications peuvent paraître éloignées : il s'agit d'abord de deux psychiatres et psychanalystes de renom, l'un et l'autre psychiatres et élèves dissidents de Freud : Wilhelm Reich, Carl Gustav Jung et d'un sociologue contemporain, qui a accompli, à mon sens, la plus vaste synthèse sur ces questions et qui est aussi l'un de mes maîtres, le professeur Gilbert Durand.

Wilhelm Reich
et l'énergie universelle

Je pense que la thèse centrale de Reich, réside dans la reconnaissance de ce que Georges Lerbet nomme « *une vision de la connaissance qui prend l'incomplétude de l'esprit, comme si elle procédait d'une nécessité extérieure à l'ordre humain* », soit la puissance de l'interaction homme-cosmos, mue par l'universelle énergie que Reich nomme l'orgone et dont nous venons de voir à quel point elle structurait elle-même diverses démarches initiatiques.

Notre planète traverse un grand nombre de crises de toutes natures. Face à ces questions, trop souvent, les puissants de ce monde singent, dans la spectacularisation de l'espace politique, une attention aux problèmes du quotidien alors que les technocraties qu'ils continuent à mettre en place, dans le même temps, accélèrent des modes de gestion aux impératifs implacables dictés par les lois les plus inhumaines. Reich avait anticipé ces maux contemporains, mieux, il en avait exploré les racines parce qu'au-delà de ses tentatives expérimentales d'explication, il était profondément entré en résonance avec l'universelle pulsation du monde et du cosmos, porté par un imaginaire véritablement créateur, instituant.

Reich voyait notre monde profane accablé par le développement de biopathies (maladies de la vie) liées à la civilisation mécaniste. Il en rendait responsable notre incapacité à relier le biologique et le social, le culturel et le physique, à penser le politique dans des sociétés travaillant, produisant, jouissant sous la fascination suprême de la maladie et de la mort, en somme des ténèbres ambiantes. Thématique reprise plus tard par Herbert Marcuse dans *Éros et Civilisation* : « *la conscience, l'agence morale la plus chère à l'individu civilisé apparaît comme pénétrée par l'instinct de mort* », écrivait-il en 1955. N'y a t il pas dans ce dualisme de fait une réminiscence des antiques gnoses ?

Ayant constaté que le fascisme utilisait de la façon la plus diabolique les mécanismes irrationnels pour l'asservissement des masses (des jeunes en particulier), déviant l'énergie en un sens mystique et négateur de la vie, constatant que ces tendances sont à l'œuvre dans toute société qui renoue avec l'autoritarisme, Wilhelm Reich avait compris :
- que le marxisme, dans son usage soviétique, ne pouvait ni ne voulait résoudre cette question,
- que la psychanalyse s'est enfermée, dogmatisée, bureaucratisée et refuse, au fond, l'intervention sociale organisée.

Il prônait ainsi un travail avec les masses intégrant psychologie et sociologie dans une même méthode fondée sur les principes de base simples de la vie. Au cœur de l'enracinement humain dans la nature se trouvait, pour lui, l'axe transversal, rattachant le désir orgastique à des fonctions cosmiques. Il y trouvait son expression profonde dans la croyance à un esprit universel, dans la recherche d'une loi naturelle, dans la compréhension morale au rebours de toute répression ou refoulement, et enseignait l'autonomie caractérielle de l'homme, seule propre à favoriser sa libération, par l'analyse, à dépasser les forces irrationnelles de l'homme (peste émotionnelle) qui, autrement lui dictent sa conduite. On reconnaîtra ces aspects d'une morale ouverte, non dogmatique dans les pratiques ci-dessus développées : de l'érotique des romans courtois à la liberté des écossais (*n'accepte jamais une opinion étrangère que tu n'aies d'abord reconnue comme bonne*)...

Il y avait, présente chez Reich, du fait de sa transdisciplinarité, l'intuition du rôle moteur de l'imaginaire lequel n'est pas une discipline mais un travail comparatif entre les disciplines et nous fait voir l'invisible à l'œuvre dans les processus sociaux (ce sont les forces inconscientes bio-psychologiques et socio-économiques de Reich, l'imaginaire radical de Castoriadis).

On doit également rappeler l'attention portée par Gilbert Durand au grand sémantisme de l'Imaginal, matière originelle à partir de laquelle toute pensée rationalisée et son cortège sémiologique se déploient.

Il en tire, on le sait, la notion de *trajet anthropologique* : synthèse instable entre les pulsions d'une libido en évolution et les pressions refoulantes du microgroupe fondamental, étendue ensuite à la genèse réciproque du geste et de l'environnement. Car « *le symbole est toujours le produit des impératifs bio-psychiques par les intimations du milieu* » et « *la pulsion individuelle a toujours un lit social dans lequel elle se coule facilement – et c'est bien en cette rencontre que se forment les complexes de culture* ». Ainsi le trajet anthropologique peut indistinctement partir de la culture ou du naturel psychologique, l'essentiel de la représentation et du symbole étant contenus entre ces deux bornes réversibles dans le trajet individu / milieu social.

UNE TRANSVERSALITÉ

Reich tentait de résoudre le conflit entre les deux systèmes conceptuels dont il se réclamait, et ce travail sur une ligne de fracture devait le conduire à la découverte d'un troisième facteur, qualifié « *d'à la fois identique et différent, mais plus profond, nouvelle discipline fondée d'abord sur les découvertes de la sociologie et de la psychologie des profondeurs dont l'incompatibilité conduisit à la découverte du troisième concept qui leur est commun* ».

Dans cette obsession de faire coïncider les opposés, de coaguler le sens, paradoxalement, nous retrouvons les fondements de la pensée hermétique, moins dialectique que dialogique, ce qui aurait surpris Reich le premier, lequel se trouvait pris dans une réflexion très positiviste tout en tentant, aussi, une synthèse compréhensive entre psychisme humain et facteurs socio-économiques, entre besoins biologiques et modes de production. La psychologie de Wilhelm Reich est inséparable de sa sociologie, car écrit-il : « *les hommes ont créé entre eux des relations et des conditions inconscientes qui maintenant les régissent* ». La notion d'imaginaire y est, là, présente en filigrane au cœur des relations entre les personnes, des forces inconscientes qui régissent leurs actions. Ce principe premier et vital, Reich pensait l'avoir identifié, c'est l'énergie universelle qu'il nomma ***orgone.***

L'ÉNERGIE D'ORGONE, UN GRAAL REICHIEN ?

Partant de la réflexion de la nature irrationnelle de la politique, il en déduit le concept de *l'énergie d'orgone*, ou *orgone*, qu'il rapproche d'emblée d'autres découvertes contemporaines :
- le magnétisme animal de Mesmer,
- l'Élan Vital de Bergson,
- l'Entéléchie de Hans Dresch, (déjà présente chez Rabelais),
- le magnétisme vital de Charles Littelfields,
- L'énergie cosmo-électrique de George Starr White, pour n'en citer que quelques uns… Il faudrait aussi évoquer ses échanges avec le philosophe Roger du Teil…

Rappelant que, même chez Karl Marx, c'est l'homme, avec son organisation biologique qui est la condition préalable de toute histoire, il nomme énergie d'orgone le « *substrat naturel qui a servi à créer les formes naturelles* », pour lui, «*origine de la vie, forme créatrice de la Nature* ».

Prenant appui sur le concept psychanalytique de libido, en réunissant à la fois son expression physique et ses contenus psychologiques, entre émotions et attitudes corporelles, il tente, ainsi, de résoudre le problème de l'âme et du corps. Constatant la rigidité de la musculature de la plupart de ses contemporains (les fameuses cuirasses caractérielles), il en déduit le caractère pathologique de la nature humaine, lorsque l'homme vit « *séparé de ses émotions* ». Il fonde ainsi la théorie de l'orgone sur la psychologie des profondeurs et en déduit des effets sociaux et politiques : « *la structure caractérielle de l'homme d'aujourd'hui (qui perpétue une civilisation patriarcale et autoritaire vieille de quelque quatre à six millénaires) est marquée par une cuirasse contre la nature en lui-même et contre la misère sociale extérieure à lui-même* ». Par la suite, il généralisera ses découvertes à la maladie et à l'ensemble de l'univers, le concept d'orgone lui servant de point commun, de matrice anthropologique. Il est, chez Reich, véritablement, une clef de compréhension universelle, véritable logos perdu de l'humanité et du cosmos. Pour lui, c'est la même énergie qui est présente dans l'étreinte sexuelle comme dans la nature vivante et inerte, c'est elle qui gouverne les fonctions naturelles les plus significatives et les plus larges. Et d'en établir le fonctionnement à trois niveaux :

- la conscience : sensations, émotions, perceptions, pensées,
- la vie : la motricité animale, la biogenèse, l'évolution, la croissance,
- l'atmosphère et le cosmos, nuages, orages, électricité atmosphérique et création de la matière pareillement dus à l'énergie universelle.

Reich s'attachera à parcourir ces trois réalités, les mettant en correspondance les unes avec les autres.

De la même façon *La Table d'Émeraude* d'Hermès Trismégiste nous prévenait cinq siècles avant : *« ce qui est en haut est comme ce qui est en bas »*.

1. Reich définit ainsi la force créatrice de la nature, qui n'est pas présentée comme une force électromagnétique, ni une matière, mais comme se trouvant « *au fondement des deux* ». C'est pour lui «*l'énergie vitale spécifique dont la vie est une des manifestations*». Il admet que notre connaissance de cette énergie n'est toutefois que fragmentaire mais que nous pouvons en approcher les fonctions : *masse libre, présente partout, medium des phénomènes.* L'orgone est *en mouvement constant,* lequel mouvement peut être observé selon des conditions particulières et qui a deux caractéristiques :
- *pulsation ou expansion* illimitée, (élongation, dilatation), lorsque l'individu se projette en dehors de soi, vers le monde, quand le cœur se dilate et que plaisir et joie apparaissent,

- *contraction* (constriction), quand nous faisons retour en nous-mêmes, que nous fuyons le monde, dans les moments d'angoisse ou encore de retraite.

Expansion et contraction sont, les mécanismes premiers, radicaux, de l'énergie vitale et toutes les impulsions et sensations biologiques, psychologiques et, par extension, naturelles, sociales, peuvent être réduites à ces fonctions fondamentales. L'orgone fonctionne ainsi à l'intérieur de l'homme (bioénergie) et à l'extérieur (énergie cosmique primordiale). Sa découverte, dans le déroulement de l'évolution naturelle, est celui d'une dynamique primordiale. Elle pourrait avoir affaire à l'évolution cosmique et intellectuelle. Et d'en tirer, pour conséquence, une réflexion anthropologique majeure : la vue animiste primitive serait de plus près le fonctionnement naturel que la philosophie msytique ou mécanique. C'est l'orgonomie (science de l'orgone) qui rattache de manière invisible la parfaite identité fonctionnelle entre l'énergie vitale et l'énergie d'orgone cosmique à la perception la plus rudimentaire de la nature par l'homme des premiers âges. Hélas, la plupart des individus ont perdu tout contact avec le courant naturel de l'énergie d'orgone et en découle la misère humaine.

Nous retrouvons un schème complémentaire des fonctionnements humains et sociaux dans l'anthropologie de l'Imaginaire de Gilbert Durand, lequel associe les régimes antagonistes de l'image, lumineux et ascensionnels, et les régimes nocturne et intimiste qui se dépassent dans l'activation des énergies adverses en régime synthétique des images, lequel correspond précisément aux schèmes de la copulation, aux rythmes universels, à la musique. Parenté que nous pointons ici entre la notion de « neutrinos » des pulsations de la physique, l'universelle pulsation reichienne et « *l'universelle obsession du rythme* » décrite par Gilbert Durand comme structure anthropologique de l'Imaginaire liée au régime nocturne des images dans sa schématique synthétique.

« *L'attitude la plus radicale du régime nocturne de l'Imaginaire consiste à se replonger dans une intimité naturelle, à s'installer par la négation du négatif* (le neutrinos !) *dans une quiétude cosmique aux <u>valeurs inversées</u>, aux terres exorcisées par l'euphémisme* ». Attitude physique grosse d'une synthèse de répétition dans le temps, ambition fondamentale de « *maîtriser le devenir par la répétition des instants temporels en opérant sur la substance même du temps, en domestiquant le devenir* ». Et Gilbert Durand de rappeler que les canons mythologiques de toutes les civilisations reposent sur la possibilité de répéter le temps. D'où le recours à la Trinité, symbole lunaire, étroitement liée à l'obsession du temps et de la mort car dans tous les thèmes lunaires, la philosophie qui se dégage est « *une vision rythmique du monde, rythme réalisé par la succession des contraires, par l'alternance des modalités antithétiques... la lune étant à la fois mort et renouvellem*ent. »

On ne saurait mieux définir cet imaginaire de la pulsation proposé par Reich, dans un tout autre ordre d'idées, et Gilbert Durand en propose, pour sa part, un certain nombre d'exemples :

- dans le symbolisme du végétal qui contamine toute méditation de la durée et du vieillissement,
- dans les cycles menstruels et la fécondité féminine qui surdéterminent les lois de l'agriculture.

Il rappelle, à ce niveau de réflexion, la scansion mythologique qui le symbolise : la plante qui naît de la mort du héros et annonce sa résurrection : du corps d'Osiris naît le blé, d'Attis les violettes, d'Adonis les roses, d'Hiram, l'acacia, etc.

Ainsi le complexe astrobiologique traduit la notion primitive de vivant, de ce qui échappe absolument à la mort et structure le réseau social tout entier. Nous sommes ici très proches de la fonction reichienne de l'orgone. Car, nous explique encore Gilbert Durand, entre l'homme esprit et la déchéance de l'Homme Nature, se situe le médiateur, et de rappeler que la figure de l'hiérogamie est celle de la réconciliation des contraires. Les anciens en avaient fait une forme mythologique, la hiérogamie. Comme nous le rappelle Paul Verdier : « *la hiérogamie n'est que la forme poétique du phénomène de la conjonction entre soleil et lune. Les deux astres forment un couple de sexes opposés.* »

Là encore la présence à l'Orient des temples maçonniques des symboles soli-lunaires, également sans cesse repris dans les vitraux de nombre de cathédrales gothiques, nous indique que les rites des bâtisseurs s'inspiraient de cette cosmologie proposée en cosmodrame par le rite écossais ancien et accepté.

L'imaginaire de la pulsation serait encore bien représenté symboliquement par Hermès Trismégiste, figure centrale de l'alchimie, qui indique une triple nature avec une triple action dans le temps. Il est le passage même du devenir, c'est-à-dire, selon l'hermétisme, de la sublimation de l'être.

Et Paul Verdier d'ajouter : « *dans toutes les religions, lorsque la même forme astrale a achevé victorieusement son passage, elle a aussi sa Pâque, terme que l'on retrouve avec la même signification de passage soit au sens physique soit au sens métaphysique.* »

Gilbert Durand souligne encore ce fait en rappelant que, sur une gravure du XVIIe siècle, on voit Hermès faire tourner la roue zodiacale, le but de l'alchimie et de toute initiation étant bien d'engendrer la Lumière, d'accélérer l'histoire et de maîtriser le temps en participant au cycle total des créations et des destins cosmiques. Les dernières œuvres de Reich sont porteuses d'une semblable ambition.

Le philosophe Gaston Bachelard avait également vu cette obsession du rythme et de son rapport au temps qui, dans sa *Psychanalyse du Feu*, relevait les liens philosophiques et poétiques du feu élémentaire et de la sexualité : « *l'amour est la première hypothèse scientifique pour la reproduction objective du feu* ». Il soulignait aussi l'efficacité de la musique, de la danse et de la poésie scandée, comme celle des arts du feu dans la constellation musique / sexualité. Pour lui, la musique est une vaste méta érotique croisement ordonné de timbres, de rythmes et de tonalités sur la trame continue du temps dont elle constitue une maîtrise. La roue du temps est une chorégraphie, gigantesque constellation rythmique qui relie feu, croix,

friction, et giration, sexualité et musique. L'image du pulsar des astrophysiciens s'impose encore ici à nous en tant que représentation à trois niveaux :
- L'axe de rotation, c'est le rythme, (la Table ronde),
- L'axe énergétique, c'est l'attraction, (la pierre-Graal qui chute du ciel),
- Le champ magnétique, c'est la constellation rythmique, (le cortège des objets sacrés), lesquels surdéterminent la synthèse et l'accomplissement de l'aventure humaine.

Reich en avait à son niveau fait la même synthèse quand il écrivait : « *en cas de forte excitation bio-sexuelle, le champ de l'énergie d'orgone s'étend, toutes les impressions sensorielles se précisent et s'accentuent, existence d'un sixième sens, perception orgonotique, au-delà de la surface de l'orgone* », distribution des forces pulsionnelles qui forment la base de la satisfaction orgastique en libérant l'énergie orgastique de la libido, sa capacité de s'abandonner au flux de l'énergie biologique sans aucune inhibition, la capacité de décharger complètement toute l'excitation sexuelle contenue, au moyen de contractions involontaires apportées au corps. Car tout ce qui est vivant travaille l'énergie sexuelle végétative dans un rythme fondamental d'alternance expansion / contraction. La fonction biologique fondamentale qui régit le système humain et cosmique est bien celui de la pulsation.

LA SUPERPOSITION

De là, il énonçait la présence d'une fonction qui précède et induit la décharge, la *superposition,* pulsion puissante qui pousse les systèmes orgonotiques, mâle et femelle, (lance et vase) à l'accouplement, et ce, à l'insu de leur contrôle. Ce problème de la superposition ayant été banni des travaux scientifiques officiels, l'homme est passé à côté de fonctions astrophysiques fondamentales. Et pourtant, affirme Reich, la superposition de deux courants d'énergie d'orgone dépasse de très loin, en tant que fonction, le domaine de la biologie. Elle régit d'autres secteurs de la nature comme elle régit les systèmes vivants.

Reich en aboutissant à ce postulat, fondé sur des années d'observation minutieuse, avait alors conscience de découvrir une racine essentielle par laquelle l'homme tient à la nature. L'homme s'est employé dans l'histoire de l'humanité à exercer ses activités intellectuelles à l'encontre de l'énergie cosmique (vision mécaniste de l'univers), et Reich pointait à ce sujet le fait que la philosophie mystique a été évincée par une vision mécaniste du monde. L'orgonomie a renoué les fils qui rattachent la parfaite identité fonctionnelle entre l'énergie vitale et l'énergie d'orgone cosmique à la perception la plus rudimentaire de la nature par l'homme des premiers âges. Et de s'interroger : pourquoi l'homme est-il la seule espèce animale à développer une cuirasse autour de son noyau vivant ?

Imaginaire véritablement instituant d'un nouveau monde de significations imaginaires sociales, Reich proposait la révélation d'une force de vie souveraine, d'un retour à l'être lumineux et originel de l'homme, à l'opposé de l'image satanique, diabolique (*divisée*) du corps mortifié véhiculé par nombre de voies visant à l'emprise sur les sujets (sectes, fascismes), et il concluait la nécessité de mettre l'animal humain à même d'accepter la nature qu'il porte en soi, de cesser de vouloir lui échapper et de jouir de ce qu'il craint par-dessus tout.

Carl Gustav Jung : aux sources de l'intériorité dynamique

La pensée de Carl Gustav Jung est singulièrement d'actualité. Carl Gustav Jung a, de fait, ouvert la voie à une mise au jour du concept d'imaginaire pensé comme polysémie, ayant dû, après sa rupture avec Freud, faire appel à des concepts empruntés à l'ésotérisme, aux gnostiques ou aux alchimistes, d'emblée disqualifiés par les partisans de la science positiviste de l'époque, mais qu'il a su exhumer et actualiser.

Car l'inconscient lui-même, selon Jung, est rempli d'étincelles comme autant de conscience qui réclame à advenir, et ces étincelles correspondent aux particules lumineuses prisonnières dans la physis obscure, dont la réunion était la préoccupation essentielle du gnosticisme et du manichéisme.

Si le XXᵉ siècle, entre René Guénon et le surréalisme, après l'orientalisme romantique du XIXᵉ siècle jusqu'au renouveau du soufisme, a redécouvert l'Orient des chemins de Katmandou, si le XXIe siècle s'engage avec audace dans des zones naguère quasi interdites par les divers dogmatismes religieux et laïques, tendant à retrouver les sources des pensées traditionnelles et symboliques pour conforter le libre examen, il faut se souvenir que Jung en a été le très savant précurseur, ce qui a pu induire parfois certains en confusion. Le grand orientaliste Henri Corbin aimait à rappeler que parmi les rencontres faites à la célèbre *Casa Eranos* d'Ascona, haut lieu de l'intelligence européenne dans les années d'après guerre, il citait, en premier, celle de Carl Gustav Jung : « *C'est en Eranos*, écrira Henry Corbin, *que le pèlerin venu d'Iran devait rencontrer celui qui par sa « Réponse à Job » lui fit comprendre la réponse qu'il rapportait en lui-même de l'Iran, le chemin vers l'éternelle Sophia.* »

Encore parce que Carl Gustav Jung est le pionnier de ce que Louis-Vincent Thomas et Jean-Marie Brohm appelleront plus tard une anthropologie frontière, dans ses réflexions sur la question de l'énergie comme moteur de la vitalité universelle.

Esprit universel, Carl Gustav Jung a tracé le chemin d'une révolution (au sens premier) de la connaissance, contribuant à déplacer la coupure épistémologique et aussi l'accent axiologique qui existe entre sciences de l'Homme (et savoir traditionnel et hermétique) et sciences de la Nature.

Carl Gustav Jung est à l'évidence, un des géants de la pensée contemporaine, certes du fait d'une œuvre immense dont nous sommes loin d'avoir épuisé la critique et les implications mais bien plus parce que finalement, « *chez Jung comme chez les poètes, c'est sur l'œuvre que débouche le mécanisme du je pense* ». Le Soi y est la totalisation, l'harmonie suprême – et le sens – des contraires parcourus le long du processus psychique, il n'est certes pas Dieu, mais – si l'on veut – il en est l'ombre, le creux... (Durand) ».

Et de rappeler que l'épistémologie psychologique vient, chez Jung, éclairer en permanence, sous l'invocation d'Hermès, l'éthique des poètes. Il est vrai que le travail de Jung sur les images symboliques apparaît comme bien éloigné de travaux plus préoccupés d'accumulation de signes et d'empilement de techniques à des fins clairement manipulatrices, que de recherche de sens. Jean-Jacques Wunenburger a bien pointé cette difficulté de l'époque lorsque, après avoir rappelé les réflexions d'un Hegel sur la forme symbolique, il énonce ce que d'aucuns – dans leur incroyable prétention à une maîtrise totalitaire des savoirs – tardent encore à considérer comme une évidence : le symbole possède un double sens et pour Carl Gustav Jung il a, de fait, partie liée avec le mystère : « *le symbole désigne un entité inconnue, difficile à saisir, et en dernière analyse, jamais entièrement définissable* ».

Nous savons tous que la société n'est pas sans influencer l'individu. Tous les systèmes sociaux ou institutions (Education, Santé, Armée, Politique, Culture...) y contribuent.

Par ailleurs, plus une communauté est nombreuse, plus la somme des facteurs collectifs peut se trouver accentuée au détriment de l'individu avec des degrés d'influence et de solidarité plus ou moins visibles selon les sociétés (effets de foule de Tarde et de Play, sociétés à solidarité organique ou mécanique d'Émile Durkheim, tribus maffesoliennes, etc.). C'est cette même réflexion qui incite Jung à énoncer sa théorie de l'inconscient collectif.

Pour lui, l'influence de l'inconscient collectif sur la psyché humaine peut être comparée à celle de la société sur l'individu à ceci près que, si celle-ci est patente, la première est invisible. Par exemple, les symboles archaïques qui surgissent dans les fantasmes et les rêves sont à la fois des facteurs collectifs et des produits de l'inconscient.

Les instincts fondamentaux sont des structures de base de la pensée, des collectifs. Et, dans une culture donnée, tout ce que les hommes s'accordent pour estimer universel ou général est ainsi collectif.

Autrement dit, ressort de l'inconscient collectif tout ce qui n'est pas votre bien propre, votre propriété personnelle, c'est ce à quoi nous participons, qui appartient à l'humanité, au genre humain. Il ne s'agit pas seulement du « patrimoine génétique », il s'agit aussi du spirituel. On trouvera effort semblable chez le biologiste Henri Laborit : « *héritage génétique, héritage sémantique, voilà ce que contient au départ le cerveau de l'homme moderne, il y ajoutera le contenu de son expérience personnelle* ».

Pour Jung, l'inconscient collectif se distingue ainsi de l'inconscient individuel par le fait qu'il ne doit pas son existence à des acquisitions seulement personnelles. Alors que l'inconscient personnel est fait de complexes, l'inconscient collectif est constitué d'archétypes. La méthode, pour les percevoir et les comprendre, consistera dès lors à étudier les mythes, à l'œuvre dans les profondeurs de la psyché, il les nomme archétypes.

Le concept d'archétype touche ici le domaine collectif qui « *forme l'armature immuable des manifestations individuelles ou spéciales ; les thèmes inscrits dans notre nature sur lesquels les époques, les âges, les civilisations, selon leurs inspirations, peuvent bien plaquer des ornements qui leur plaisent, sans pour cela faire quelque chose de vraiment nouveau. Il y a là comme une analogie fondamentale qui unit les hommes les uns aux autres en dépit de toutes les divergences conscientes...* »

Les archétypes sont ainsi « *l'indissoluble dépôt des âges, franchissant sans changer les millénaires et chacun de nous porte en lui, gravé dans le secret de sa psyché, cet héritage commun des générations passées, toujours présent même si jamais l'occasion n'est donnée à quelqu'un de l'actualiser* ».

Les mythologues les appellent motifs, mythèmes, Claude Lévy-Bruhl, représentations collectives, Marcel Mauss, catégories de l'imaginaire, Adolf Bastian : pensées élémentaires ou primordiales, car l'archétype est une forme pré-existante, jamais seule. Et Jung de préciser les rapports entre les archétypes et les instincts : « *l'instinct est une pulsion physiologique perçue par les sens. Ils se manifestent aussi par des phantasmes ; et souvent ils révèlent leur présence uniquement par des images symboliques. Ce sont ces manifestations que j'appelle les archétypes. Leur origine n'est pas connue. Ils réapparaissent à toute époque et partout dans le monde, même là, il n'est pas possible d'expliquer leur présence par des transmissions de générations en générations, ni par des fécondations croisées résultant de migrations...*

Lorsque l'on identifie la psyché et la conscience, on peut aisément concevoir l'idée erronée que l'homme naît au monde avec une psyché vide, et que plus tard, sa psyché ne contient rien de plus que ce qu'il a appris par expérience individuelle. Mais la psyché est plus que la conscience... »

Jung définit ainsi un second système psychique, universel et impersonnel qui est identique chez tous les individus. L'archétype désigne une image originelle existant dans l'inconscient, un complexe inné, un centre chargé d'énergie. Par exemple, le Graal est une de ces images originelles, archétypiques. Si, dans mon existence, je ne recherche pas le Graal, qui est en moi, si je mène une existence démunie de cette confrontation, je finirai par me sentir mal à l'aise, un peu comme si je me nourrissais constamment d'aliments dépourvus de sel. Il me faut tenter de trouver le Graal car celui-ci est un centre chargé d'énergie. Si la rencontre ne se produit pas, il s'ensuit une contrariété, celle de l'omission d'un besoin naturel. Il en va de même de tous les objets symboliques travaillés tant dans la Légende arthurienne, merveilleux répertoire d'archétypes, que dans les rituels du rite écossaisancien et accepté qui remplissent le même rôle en les actualisant.

Les mondes mythologiques et fabuleux sont formés de noyaux à potentiel énergétique qui emplissent notre vie. Jung donne l'exemple de la contemplation de la voûte céleste dont le chaos originel a été organisé par la projection que nous en avons faite d'images organisées. Ceci explique l'influence des astres affirmée par les astrologues. Ces influences ne sont rien d'autre, pour lui, que des perceptions inconscientes introspectives, reflet de l'activité de l'inconscient collectif.

De la même façon que nous avons projeté les constellations dans les cieux, des figures similaires ont été projetées dans les contes de fées et les légendes ou sur les personnages historiques. En effet, nous sommes portés à projeter les contenus de notre inconscient dans notre entourage. Ainsi les images du Graal ou du Temple de Salomon, thèmes centraux des voies susnommées, sont *en même temps reflets de la divinité et symboles de totalité psychique.*

L'archétype est une disposition dynamique qui tend vers sa réalisation. Si une représentation psychique est apparue dans les lieux les plus divers et à des âges différents de l'esprit humain, c'est qu'elle est la manifestation d'un archétype, d'une force magique pourtant présente et qui est comme le centre de toutes choses. Elle est ainsi la première figuration de la conception de Dieu.

Pour Jung, cette réalité est inscrite depuis des temps immémoriaux, dans le cerveau humain. Par exemple dans le mythe solaire, son cours régulier exprime le dynamisme psychique de progression et de régression.

Mythes et créations poétiques ont une origine commune avec les éléments oniriques qui proviennent de l'inconscient collectif. Ils sont constitués et par l'apport subjectif de la psyché et par les données du milieu ambiant.

On voit ici dans cette dimension dynamique de l'archétype, émerger l'idée d'énergie universelle déjà pointée chez Reich.

L'ÉNERGIE UNIVERSELLE CHEZ JUNG ET REICH

Quand Wilhelm Reich vient au monde, en 1897, Carl Gustav Jung a 22 ans. L'un et l'autre ne travailleront jamais ensemble. En outre, leurs implications les éloignent également : rien ne ressemble moins à la vie très rangée et bourgeoise du solitaire de Zurich que la vie errante et proscrite du Reich révolutionnaire et provocateur que nous connaissons, même si l'un et l'autre appartiennent désormais à l'histoire comme psychanalystes de l'école viennoise. Et pourtant le concept d'énergie est, chez l'un comme chez l'autre, une préoccupation primordiale.

La psychanalyste Sophie Moreaux-Carré, spécialiste de l'imaginaire jungien, nous écrit, dans une correspondance récente : « *l'orgone en tant qu'énergie cosmique primordiale, est semblable à la pierre vile que l'alchimiste se doit de transformer. C'est, chez Jung, une matière première qui ne se décline pas à partir de la dualité Dieu/Éther mais par-delà une conception morale ou religieuse élaborée, au cœur des éléments (terre, eau, air, feu) qui fonctionnent en circuit fermé dans l'athanor. […] L'athanor est-il synonyme lui-même d'une énergie sexuelle ? Oui pour partie selon Jung mais la libido est avant tout énergie au sens large, incluant l'aspect sexuel sans pour autant le mettre plus particulièrement en avant.*

La découverte de la pierre est, bien entendu, fusionnelle mais Jung en dénonce aussi les errances, dérapages et exagérations qui sont source de névroses.

L'alchimie réalisée est harmonie entre deux mondes « borderline » pourrait-on dire, où l'équilibre n'est jamais bien loin du précipice ».

« *Le principe de synchronicité,* écrit-elle également dans sa thèse de doctorat, est *une invitation à ouvrir notre entendement vers des sphères inexplorées et à mettre de côté nos habitudes rationnelles.* »

Partant de son travail sur la libido, analogie psychique de l'énergie physique, Jung tend à établir pour la psychologie une unité comparable à celle qui existe dans les sciences physiques en général en tant qu'énergétique générale. « *Je considère par exemple les pulsions humaines comme étant les formes sous lesquelles se manifestent les processus énergétiques, et ainsi comme des forces analogues à la chaleur, à la lumière, etc. De même qu'il ne viendrait à l'esprit d'aucun physicien contemporain de faire simplement découler toutes les forces de la chaleur, par exemple, il est de même aussi peu admissible, en psychologie, de faire découler toutes les pulsions du concept de Puissance ou de celui de sexualité. Ce fut là l'erreur initiale de Freud, il l'a rectifiée postérieurement par l'hypothèse des instincts du moi pour encore plus tard conférer pour ainsi dire une suprématie au « surmoi ».*

Il passe ensuite au plan cosmique, comme le fera Reich plus tard dans *Superposition cosmique* : quand on vénère Dieu, le soleil ou le feu, on vénère directement l'intensité ou la force, le phénomène énergie psychique, la libido. Toute force, et en général tout phénomène, est, pour lui, une certaine forme d'énergie déterminée. La forme, c'est l'image, le genre de manifestation. Elle exprime deux sortes de faits : d'abord l'énergie qui prend forme en elle et ensuite le médium dans lequel apparaît cette énergie. « *On peut d'une part affirmer que l'énergie crée sa propre image, et d'autre part, que le caractère du médium contraint l'énergie à prendre une forme déterminée* ». Partant de ce raisonnement, Jung postule que, selon lui, c'est en général la libido qui crée l'image de la divinité en utilisant des modèles archétypiques. L'homme rend par conséquent l'honneur divin à la force psychique active en lui. Ici, comme plus tard chez Reich, l'imaginaire est source d'énergie, de même, chez Cornélius Castoriadis, il sera magma, producteur de création, « *position, création, faire être* ».

Pour lui, ce sont les mythes de l'humanité, en tant que symboles, les grandes images, qui sont les expressions privilégiées des métamorphoses de la libido, à la fois moteurs et vecteurs de l'énergie universelle, de l'intime au social.

Car le symbole est une expression de l'imaginaire qui concilie, en elle, différents plans de la réalité normalement antagonistes, qui fait passer par analogie d'un plan de réalité à un autre. Ainsi, référence la plus souvent évoquée, le symbole – et c'est ce qui produit sa fascination – allie en lui :

- le pouvoir de l'abstraction, qui, en réduisant les traits d'un objet à ceux qu'il a en commun avec les autres, permet d'accéder à la fois à tous ces objets,

- le pouvoir de la sensation, lequel nous permet d'appréhender l'existence de l'individuel.

Pour Jung, l'énergie est un concept représenté sous deux aspects distincts : comme mouvement lorsqu'il se réalise, et comme possibilité, potentialité de ce mouvement, avant sa réalisation.

Jung use là de la souplesse du concept d'énergie pour exprimer ce qu'il appréhende dans les manifestations des névroses individuelles comme dans ce qui parcourt les mythes, aux deux cuspides du trajet anthropologique.

Il prend ainsi l'exemple du héros solaire : le soleil, dont la course se renouvelle chaque jour, à l'apothéose du régime diurne des images, symbolise la solution temporelle offerte à l'homme afin de pouvoir accéder à la fois à la réalité de ce qu'il est et à l'illimité de ce qu'il n'est pas mais pourrait être. À l'inverse, le héros qui décline, le roi vieillissant, le soleil qui achève sa course, tous viennent mourir, disparaître, passer à l'état de simple possible, au sein de cette vacuité, la nuit, au creux du régime nocturne des images, que symbolise la femme, particulièrement la veuve. On parle ainsi de veuve dans l'alchimie et les rituels de la franc-maçonnerie (les fils de la veuve) pour symboliser ce principe d'un rien qui n'a besoin d'aucun principe mâle fécondant, faisant passer à l'état de réalité tous les possibles qu'elle contient, pour les faire naître.

C'est seulement lorsque le soleil a perdu tout son être qu'il peut renaître comme une autre possibilité, pour, à nouveau, se réaliser jusqu'à l'apogée du zénith. S'instaure ainsi un cycle entre deux pôles entièrement opposés et pourtant complémentaires.

Sophie Moreaux-Carré, explorant le thème jungien de la synchronicité, l'explique par le rapprochement qui unit l'âme humaine et le vaste monde de l'inconscient collectif, lequel n'est pas extérieur à l'homme mais est en l'homme, lui est viscéralement accroché et... la psyché de l'homme renferme à la fois des stigmates et des traces de son évolution enfouies au plus profond de son inconscient (empreintes de civilisation), « *car l'affrontement de l'inconscient et du conscient est une donnée universelle, archétypique* ».

Reich écrit, pour sa part : « *Pour que Dieu devienne une réalité vivante, la cuirasse devra être abolie, l'identité entre Dieu et la vie originelle entre le Diable et la vie déformée, fermement et pratiquement établie. Malheureusement, il y a identité entre Dieu et le processus vital qui ne se manifeste nulle part aussi nettement que dans la décharge orgastique... Dieu symbole des forces naturelles de la vie, de la bioénergie dans l'homme, le diable symbole de la perversion et de la distorsion de ces forces vives* ».

Reich est ici proche de Jung non pas tant dans la définition même de l'énergie, mais dans celle de la structure anthropologique qui sous-tend cette notion.

Pour Jung, la libido est une unité fondamentale en tant qu'énergétique générale, puissance, désir et encore concept limite entre le corps et l'esprit, dans le passage de l'individuel au collectif puis au cosmique, par le médium des grandes images, dans le cycle mort / renaissance.

Pour Reich l'énergie d'origine est présente dans l'étreinte sexuelle comme dans la nature vivante et inerte, elle est l'énergie vitale spécifique dont la vie est une des manifestations, « *énergie universelle pénétrant toutes choses* », également médium des phénomènes gravitationnels en mouvement constant animé par le couple expansion /contraction.

L'un et l'autre, à partir des voies qui leur sont propres, n'ont-ils pas tenté de nommer le principe même de la vie renouant de fait avec le vieux projet des alchimistes ? « *Rendons grâce à Dieu sublime et glorieux*, écrivait Albert le Grand, *qui a créé cette substance et lui a donné une propriété qui ne se retrouve dans aucun autre temps. C'est elle qui mise sur le feu engage le combat avec celui-ci et lui résiste vaillamment.* »

Jean-Luc Maxence a rapproché, de façon opportune et très documentée, les travaux de Carl Gustav Jung de la symbolique maçonnique. Il attire notre attention sur les fondements maçonniques de son œuvre, dus à ses antécédents paternels. Et de le citer : « *l'individuation est synonyme d'un accomplissement meilleur et plus complet des tâches collectives d'un être, une prise en considération suffisante de ses particularités permettant d'attendre de lui qu'il <u>soit une pierre</u> mieux appropriée et mieux insérée* ». Et de raconter qu'en 1950, Jung sculpta lui-même une pierre cubique, sur tous ses versants et y grava :

« *Voici la pierre d'humble apparence,
En ce qui concerne sa valeur, elle est bon marché,
Les imbéciles la méprisent,*

Mais ceux qui savent ne l'en aiment que mieux. »

Processus d'individuation, voie alchimique, découverte des secrets de l'intériorité de l'être, quête du Graal, recherche de la parole perdue, il est toujours question, avec Jung, de l'intégration des contenus archétypiques de l'inconscient collectif. Le grand secret de l'œuvre est sans doute, remarque encore Jean-Luc Maxence, qu'il n'y a pas de secret et que c'est sans doute là que réside le secret en question.

Comme lui, nous pensons qu'il est opportun de constituer un front spéculatif ajoutant aux outils de base de la Franc-Maçonnerie et de la quête du Graal, ceux des sciences humaines, travaillées dans l'esprit de ce que Gilbert Durand nomme le nouvel esprit anthropologique, et de l'étude du cosmos quand « *la théorie de la matière subtile nous met au contact du souffle titanique du passé* (Pinchard)».

Ainsi Reich et Jung retrouvent dans leur réflexion les sciences de la Tradition.

C'est aussi ce que tentent dans une synthèse tout à fait convaincante les universitaires qui, autour de l'école fondée par Gilbert Durand, ont noué depuis trente années les liens du réseau international interuniversitaire des Centres de recherche sur l'imaginaire (GRECO CRI).

Gilbert Durand :
le trajet anthropologique

Né le 1er mai 1921, un jour de Beltaine, Gilbert Durand, dans toute son œuvre, porte à un degré systématique, une logique pluraliste du contradictoriel et construit une sociologie de l'ambivalence. Il est en cela fidèle à son maître Gaston Bachelard qui écrivait que "*les images les plus belles sont foyers d'ambivalence*".

Anthropologue, c'est en scrutant et l'origine de nos gestes et les représentations que les hommes se sont forgés d'eux-mêmes en réponse à leurs désirs, qu'il retrouve les figures de l'homme traditionnel soit une conception unitaire du savoir s'opposant au dualisme, à l'intolérance de sociétés vouées au culte hyperbolique de la mystification : "*L'imaginaire sous ses deux formes produit du langage et de la fantaisie, il est attaché au sapiens, à la configuration anatomo-physiologique de l'homme. Dans la chaîne des hominiens, il existe une différence soudaine, une usine de l'Imaginaire, la faculté de reproduction incontrôlée anatomo-physio-psychologique. Dans l'apparition des hominiens, on produit des images, tout de suite, les nôtres, les formes que nous utilisons. Les Dieux sont là, l'archétype est la forme la plus creuse, la plus vide, la plus manifestée de l'Imaginaire.* »

De fait, cette entreprise de restauration de l'imaginaire arrive au moment où notre société s'est vue ébranlée à l'endroit même où elle semblait triompher : idéal économique, conception bourgeoise du bonheur, idéologie du progrès, triomphe de la technique. Pour lui, l'imagination est bien le propre de l'homme. Elle se manifeste le mieux, dans les Arts et les Dieux.

Dans son anthropologie de l'imaginaire énoncée dès 1969, Gilbert Durand récuse les schémas linéaires culturalistes et positivistes, ou psychologisant pour déceler, à travers les manifestations humaines de l'imagination, les constellations où viennent converger les images autour de noyaux organisateurs. Il jette ainsi les bases d'une archétypologie générale dynamique dans une mise en perspective nouvelle et originale de la culture venant éclairer d'un jour nouveau nos fonctionnements individuels et sociaux.

Dans ce sens, le minimum de convenance est exigé entre l'environnement culturel et la dominante réflexe qu'il emprunte à l'école de réflexologie de Léningrad. C'est ce qui fonde le trajet anthropologique du <u>symbole</u> *"produit des impératifs biopsychiques par les intimations du milieu"*, trajet réversible, *"le milieu étant révélateur de l'attitude"* et *"la pulsion individuelle a toujours un lit social"* et *"c'est bien en cette rencontre que se forment les complexes de culture que viennent relayer les complexes psycho-analytiques".*

Avec les physiologues, observant que l'*homo sapiens sapiens* est placé dans une situation unique par rapport aux animaux du fait de l'usage de son gros cerveau, le néo-encéphale ou cerveau noétique, il en infère que le *sapiens* utilise constamment sa capacité à dépasser les simples liaisons symboliques de l'animal par la richesse spontanée de ses articulations symboliques complexes car toute pensée du *sapiens* est re-présentation, la présentation d'une image symbolique étant toujours d'emblée entourée d'un cortège des possibilités d'articulation symbolique. Car, tout symbole authentique possède trois dimensions :

– *cosmique,* il puise sa figuration dans le monde qui nous entoure,

– *onirique,* il s'enracine dans les souvenirs, les gestes qui émergent des rêves,

– *poétique,* il fait appel au langage le plus jaillissant, le plus concret.

Et la connaissance symbolique est pensée à jamais indirecte, présence figurée de la transcendance, compréhension épiphanique. Elle apparaît aux antipodes de la pédagogie du savoir occidental depuis dix siècles de la pensée iconoclaste occidentale, laquelle se manifeste par trois états :

1°) Le courant scientiste, issu du cartésianisme, est règne de l'algorithme mathématique, méthode de réduction aux évidences analytiques. Il repose sur une conception sémiologique du monde où seule l'exploration scientifique a droit au titre de connaissance réduisant le "*cogito*" aux cogitations, le monde de la science en est le produit où le signe n'est pensé que comme terme adéquat d'une relation, des phénoménologies veuves de transcendance. Ainsi, l'image peinte perd peu à peu toute signification pleinière (icônes), devient un ornement.

2°) Le conceptualisme aristotélicien refoule, au nom de la pensée directe, l'angélologie, constitutive d'une doctrine du sens transcendant, doctrine des anges intermédiaires, les éons. D'où un glissement vers le monde du réalisme perceptif en témoigne le remplacement de l'art roman, porteur d'une iconographie symbolique héritée de l'Orient, par l'art gothique où le signifiant est accentué à tel point qu'on passe de l'icône à une image très naturaliste perdant son sens sacré et devenant simple ornement réaliste, simple *objet* d'art.

3°) L'attitude dogmatique implique un refus de l'icône, de l'ouverture au sens, à une liberté personnelle, elle fait passer de l'illumination à l'illustration.

Cette rencontre des possibilités diversifiées de l'Imaginaire l'amène à rechercher à repérer de vastes constellations d'images qui semblent structurées par des symboles convergents.

Gilbert Durand articule la tripartition réflexologique, (côté pulsion individuelle, imaginaire radical, dirait Castoriadis) déclinée en *posturale* : redressement, phallique, *digestive*, orale, intime, *rythmique*, copulative et sociologique (diurne et nocturne). On voit déjà poindre ici l'absolue nécessité d'une transdisciplinarité, pour, au carrefour de ces régimes, mieux saisir la portée et l'amplitude des champs de l'imaginaire.

Cela l'amène à envisager trois régimes de l'imaginaire, véritables clefs de lecture du donné mondain à tous les niveaux : diurne, nocturne, synthétique.

Régime diurne et structures schizomorphes sont marqués par la géométrie, l'antithèse, l'historicité, le pragmatisme. Appartient à ce régime la science positive fondée sur le régime diurne de la conscience et la rationalité, elle-même mode de la vie imaginaire, structure polarisante du champ des images, dominante certes, dans nos sociétés mais relative si on la met en perspective. Les structures schizomorphes déterminent des attitudes sociales qui sont la perte de contact avec la réalité dans la faculté de recul, l'attitude abstractive, marque de l'homme réfléchissant en marge du monde, un souci obsessionel de la distinction, ou "géométrisme morbide", l'exacerbation des dualismes. Il est apollinien.

Au rebours, le régime nocturne, celui de la chaude intimité de la substance, du refuge et du creux protecteur, de la féminisation des conduites humaines, euphémise notre rapport au temps, il est droit au luxe nocturne de la fantaisie. Il est dionysiaque.

Leur synthèse ne se pense que relativement à un devenir dans la volonté d'accélérer le temps et de s'en rendre maître. Ainsi, l'initiation est là transmutation d'un destin. C'est l'exemple égyptien de la légende d'Osiris, à la base des initiations sacerdotales ou encore les rituels des sacrifices, instant dialectique ou le sacrifice devient bénéfique, c'est encore le mythe d'Hiram, l'architecte du temple de Salomon assassiné par trois mauvais compagnons. Et Dumézil en a décrit de nombreux avatars dans diverses sociétés indo-européennes.

On peut assimiler la totalité du psychisme, dès qu'il décolle de l'immédiate sensation, à l'Imaginaire. La pensée en sa totalité s'y trouve intègrée à la fonction symbolique car l'Imagination se révèle comme le facteur général d'équilibre psycho-social entre deux régimes diurne/nocturne, trois schèmes : redressement, avalage, copulation, correspond à trois groupes de structures : schizomorphes, mystiques, synthétiques.

Il révèle une cohérence concrète des symboles au sein de constellations d'images. Il existe donc des « *patrons de civilisation* », classant les cultures en deux grands groupes irréductibles : idéationnelles / visualistes, apolliniennes / dionysiennes, Orient /Occident, lesquels viennent recouper la distinction *diurne/nocturne.*

Plus les schémas se contredisent et se compensent dans une société donnée, plus cette société est en voie de transformation intégrale. C'est le cas de nos sociétés où se heurtent symbolismes religieux, étatiques, familiaux, sentimentaux, etc., alors que les sociétés primitives froides semblent posséder un plus grand degré d'intégration. Les mythes sont immédiatement traduisibles d'une société à l'autre et le niveau culturel fournit un langage symbolique dèjà universalisable. Or, tout symbole est double, et leurs herméneutiques sont complémentaires tant est grande la puissance de figuration des images. L'Imagination symbolique constitue l'activité dialectique même de l'esprit (Durand), le symbole, dès lors, peut être utilisé pour le rétablissement de l'équilibre psychosocial. C'est, au fond, ce qui justifie une méthode herméneutique, tel l'écossisme, dans son opérativité. Dépassant les formes et s'appuyant sur elles, l'homme en les reconnaissant *s'individue*, souvent au prix d'un voyage fertile en péripéties (on retrouve le thème de la Quête), accède au centre du Soi, et transforme son regard et son être. Promue au rang d'entité représentative, autonome et primaire, l'image en conquiert un statut transcendantal et Jean-Jacques Wunenburger a souligné ses illustres prédécesseurs : Emmanuel Kant (le schématisme perceptif), Ernst Cassirer (la fonction de symbolisation) et bien entendu Gaston Bachelard et son approche poïétique et structurale de l'Imaginaire. Pour lui, les images sont des représentations à double sens, elles justifient d'une interprétation symbolique, non réductrice. C'est là poser la question du statut de l'image et de son ambiguïté puisqu'elle est à la fois dépendante d'une autre chose qu'elle reproduit (*mimesis*) et qu'elle s'en écarte en étant autre chose.

Jean-Jacques Wunenburger a ainsi exploré les formes de la mimesis (analogie, réduction, expression) pour en instruire le procès et en arrive à souhaiter libérer l'image de la hantise de la ressemblance par «*auto-poïésie* ».

D'où l'intérêt qu'il y a à « *cultiver une imagination créatrice par laquelle l'âme peut rendre vivante, en son œil intérieur, des images qui participent de la vie éternelle de la nature.* Il n'est « pas de vie intellectuelle sans médiation de l'image car placer l'image au cœur de l'esprit est peut-être, *le meilleur moyen pour comprendre ses activités* ». C'est ce à quoi nous assistons dans l'effort sans cesse renouvelé et des romanciers médiévaux proposant le mythe du Graal et de la quête des objets sacrés à notre méditation et dans celui des pratiques de la maçonnerie écossaise, faisant désormais un sort définitif à l'ancienne discrimination héritée concept / image.

Dans cet esprit, Gilbert Durand a travaillé également dans un de ses ouvrages les plus récents les arcanes de cette " *religion dont conviennent tous les hommes* " que prêchait, dans Les Constitutions de 1723, le pasteur presbytérien James Anderson, analysant les mythologèmes à l'œuvre qui contribuent à entretenir les mystères de l'Art royal :

– le mythe du Temple de ses ruines et de sa reconstruction : dans l'exploration du modèle biblique du temple de Salomon, à Jérusalem, deux fois détruit et reconstruit, à nouveau en ruines que le maçon opératif construit et que le maçon spéculatif reconstruit, sont ici étudiées la symbolique des matériaux et des outils, celle des ouvertures, comme la signification des ruines, chapitre qui nous vaut une belle leçon de symbolique des nombres rapportée aux arcanes de l'intelligence divine,

– la légende d'Hiram et son mythologème, où il explore les raisons d'une substitution : l'assassinat d'Hiram et la perfidie des trois coupables dont la légende recouvre, au XVIIIe siècle, celle de la Passion du Christ en la plaçant de façon transcendante par

rapport aux histoires narrées dans les Évangiles et surtout aux divisions qui avaient déchiré les chrétiens des diverses confessions. L'auteur en perçoit les éléments dans l'importance accordée à la croix de Saint-André devenue d'Écosse via le Portugal, comme, par exemple dans le rapprochement qu'il esquisse avec l'ordre des Jésuites également persécuté par Clément XIV détruisant en 1778 leur Compagnie. Le thème du juste assassiné par trois mauvais compagnons est là parfaitement récurrent dans nombre de légendes historicisées,
- le mythe du souchage chevaleresque et templier, avec la calomnie dont les maçons ont héritée, celle-la même qui pesa sur les *"pauvres chevaliers du Christ"* dont l'ordre est aboli en 1312, comme, paradoxalement, sera trahi au XVIIIe siècle, *"le message sacré des Fils de la Vallée troqué contre l'obscurantisme du siècle des Lumières"*. Or, *"les fils de la Vallée, tout comme leur refuge en Écosse, appellent la reconstitution d'un ordre collectif, d'une Cité sainte, bienfaisante, où nul ne peut laisser la place à l'absolutisme d'un tyran "*.

Car, travaillant le mythe de la Cité sainte et du Saint-Empire, Gilbert Durand nous a donné une clef pour lire, outre la progression et la complémentarité des différents rits maçonniques, la prolifération redondante des grades de souveraineté dont l'aigle bicéphale est l'emblème archétypal. Il permet de comprendre maints conflits qui ont structuré, depuis l'empereur Constantin (édit de Milan en 313), l'histoire de la vieille Europe, des "Investitures" aux Jésuites via la querelle des Guelfes et des Gibelins, comme à la condamnation de la Franc-Maçonnerie par la papauté en 1738 (bulle *In Eminenti*) pour des raisons bien peu spirituelles, ou encore à la séparation des Églises et de l'État en 1905. Il éclaire de fait les origines d'une symbolique résumée dans l'aigle impériale à deux têtes dont la version profane demeure l'opposition séculaire de Rome et des États catholiques, les éléments mythogéniques "*rangeant de façon masquée la Franc-maçonnerie dans l'idéologie et la politique d'une Cité Sainte Universelle et du Saint-Empire*". De fait, l'ordre maçonnique "*représente bien ce qu'il sert [...], à travers lui,* dit un rituel, *vous êtes le soldat de l'Universel et de L'Éternel*". Et Gilbert Durand de nous montrer que, dans le sillage d'un certain averroïsme, "*il n'y a qu'une seule vérité possible en l'homme, mais actuelle en Dieu*", la mesure géométrique révélant la vérité en l'homme comme chez le Grand Architecte de l'Univers.

L'enquête de ce maître, à la fois minutieuse et éclairante, étonnera plus d'un lecteur, fut-il averti. Nous n'avons fait ici que la poursuivre dans une perspective d'anthropologie ésotérologique. Elle trouve réellement son accomplissement par ce qu'elle trouve, tant l'étude du fait maçonnique, dans sa complexité, comme le souligne l'auteur, ne pouvait qu'épouser la méthode même de la quête, d'où l'intérêt d'un traitement mythodologique répudiant les lois du temps unidimensionnel au profit d'une temporalité pluralisée et relativisée, mue par les lois de l'universelle énergie ou quintessence.

La Franc-Maçonnerie partage, de fait, avec les Églises instituées, comme avec les récits graaliques eux-mêmes longtemps soupçonnés d'hérésie, cette expérience du temps symbolisée par les deux saint Jean, aux cuspides du calendrier chrétien, imageant une durée universelle en un espace de non-séparabilité, celui-là même où se déroulent, depuis l'origine des temps, toutes les initiations ?

Écrire pour faire trace

Morale ouverte, disais-je, au début de cet essai, effort de mise à distance pour parler mon implication, depuis presque quarante ans, sur les voies de la quête, celle du Graal venant subsumer et induire toutes les autres. Avec, par cet effort d'écriture dans la confrontation des symboles proposés à la méditation du lecteur, à la fois, comme l'a bien vu et écrit Jacques Ardoino, mon directeur de thèse, qui décrivait, lui, l'aventure éducative du XXe siècle, un double pari : l'élucidation progressive de mes motivations/implications – et l'écriture permet ici de nouer des fils sortis d'un même écheveau – et, dans le même temps, l'ambiguïté propre à une telle aventure comme elle le fut et le demeure tout au long de mon itinéraire. « *Il s'agit, comme toujours, de découvrir que la relation avec autrui passe profondément par la maturation de la relation à soi-même et par la conquête d'une authenticité personnelle* », la quête personnelle devant aussi se situer socialement, anthropologiquement.

Écrire sert à faire trace aussi quand les concepts et les images qui les supportent viennent non pas se confondre, – Pierre et Graal comme l'équerre et le compas, ont chacun un univers symbolique qui leur est propre –, mais aussi à mettre en tension car le concept est « *point de coïncidence, de condensation ou d'accumulation de ses propres composantes* », dont chacune est « *un trait intensif... un monde possible, un visage, des mots qui se particularisent ou se généralisent suivant qu'on lui donne des valeurs variables ou qu'on lui désigne une fonction constante* ».

À ce sujet, Deleuze et Guattari nous invitent à « *penser par figures* », car « *la transcendance qui se projette sur le plan d'immanence le pave ou le peuple de figures. Sagesse ou religion, qu'importe*, écrivent les auteurs, *c'est seulement de ce point de vue que l'on peut rapprocher les hexagrammes chinois, les mandalas hindous, les sephirot juifs, les imaginaux islamiques, les icônes chrétiennes... le but étant bien non pas de prétendre à la ressemblance interdite mais d'émanciper tel ou tel ou niveau pour en faire de nouveaux plans de pensée* ».

« *L'âme,* écrit aussi Bruno Pinchard, *ne devient mythique, d'un mythe qui n'est pas légende, mais qui n'a partie liée avec le mystère, que par l'union aux espaces incréés du rêve* ». Car, poursuit-il, « *le mythe n'est pas une âme confuse, c'est un espace nouveau qui s'ouvre à l'intelligence de l'âme* ».

C'est ce que j'ai tenté en confrontant les symboles (dont nous avons aperçu à quel point ils travaillaient en creux notre humanité), de la Pierre – liée aux bâtisseurs du Temple – et du Graal – lié à l'univers mythique des chevaleries d'Occident comme il l'est à celles d'Orient. J'ai tenté de dire, de partager à quel point, dans ma quête, le phénomène historique m'est apparu soudain, dans le ruissellement vivant des images, des idéologies, des styles d'une époque, comme un partage des eaux. Il a été dans mon expérience suivi nécessairement d'une confluence. Il m'a alors semblé que le temps était venu d'en épeler les traces visibles, ce qui peut permettre de comprendre cette impérieuse nécessité dont il était question aux premières lignes de cet ouvrage.

Aux périodes progressistes marquées par la maîtrise de la nature, périodes héroïco-ascensionnelles qui vont de la Renaissance au positivisme et au technologisme actuel, via le siècle des Lumières, lequel a succédé aux mysticismes de l'époque médiévale, ordonné aux eaux tristanesques et aux féeries des porteuses de coupe d'abondance, vient sans doute se mettre en place sous nos yeux un Nouvel Age d'Hermès, le dieu des passages et des carrefours, dont Lancelot du Lac est une figure sans cesse réactualisée. Partage des eaux difficile, certes, mais dont le mythe du Graal est encore dans son ambiguïté merveilleuse, enrichie de la Légende des siècles, le signe. Il est, de fait, dans sa fugacité et dans sa redondance à la fois Graal mystérieux, coupe, chaudron cratère, constellation, pierre magnétique, gemme (Durand).

Depuis que je découvrais le légendaire arthurien en classe de quatrième au petit séminaire de Sées, jusqu'à une certaine approche des mystères de la tradition écossiste tentée dans ce livre, il ya plus qu'un lien, peut-être un destin.

L'écriture a contribué pour moi à cette prise de conscience en même temps qu'à son actualisation, me permettant de tenir liés ensemble :
- d'une part, les poètes médiévaux et les sciences humaines et sociales (alors que l'université nous condamne souvent le plus artificiellement du monde à cultiver ou les uns ou les autres),
- de l'autre, les sources de nos traditions et leur critique moderne.

C'est bien d'une gnose qu'il s'est agi au long de ces pages, gnose expérimentée par l'auteur, tentative par définition inachevée de connaissance totale sans réduction ni limitation, effort à me constituer comme auteur dans un monde qui ne reconnaît le plus souvent que des agents, plus rarement des acteurs, presque jamais des auteurs.

L'intelligence du social, a écrit Jean-Michel Berthelot, est *"ce lieu où se trouve la mise en relation des théories, concepts, méthode par un jeu d'interférences, de traductions, d'illustrations paradigmatiques et, comprendre, c'est décrypter des significations et des réalités comme sens.*" Analysant la fonction de l'herméneutique, il la décrit comme un schème d'intelligibilité qui consiste à « *développer systématiquement une logique verticale de l'au-delà des apparences ou de la surface des choses* » et de préconiser l'errance comme démarche de manière à faire surgir le sens auquel la théorie accordera sa légitimité.

Ainsi, mon entreprise pourra se justifier dans l'articulation de données hétérogènes. De fait, la pensée symbolique est un réservoir de sens donné dans l'immédiateté de sa figuration, dans l'absolu de sa certitude, d'où le recours à l'imaginaire comme catégorie. Au service d'une telle ambition, la mise en jeu délibérée et contrôlée du symbolisme comme méthode par le repérage de dynamismes organisateurs disponibles et convergents, a été et demeure, pour moi, instrument de lutte contre l'éclipse de la raison subjective à l'encontre d'une raison objective et dominatrice.

L'Esthétique y a joué à l'évidence une place centrale, a participé de la fondation d'une anthropologie renouvelée parce qu'appliquée, science éprouvée dans une pratique groupale que nous nommons égrégore.

Il y a surtout, à la source de ce type de connaissance, la quête d'un univers nouveau, hétérogène, complexe, paradoxal, à l'inverse de la pensée héritée. Elle se situe à l'opposé d'une logique qui se bornerait aux limites étroites et provinciales d'un temps et d'un espace ethnocentriques. L'usage des symboles, tels ceux de la pierre et du Graal utilisés dans cet ouvrage m'a appris, à manier ensemble les réalités de mon existence avec les composantes imaginaires du désir, du phantasme, de la fantaisie.

Comme les anthropologues, les écrivains se plaisent à souligner l'ambivalence de l'image singulière et pourtant vraie. Elle est pour nous doublement saisissante parce qu'elle nous étonne, nous saisit, nous fait sortir de nos habitudes, et tout à la fois, nous fait rentrer en nous-mêmes en nous rappelant une impression. C'est la matière première d'une socio-anthropologie du sensible et l'on a vu que cette entreprise visait, dans sa phase de recueil à en faire surgir des essaims, regroupés par parentés, s'attirant par proximité.

La puissance imaginante a affaire à plusieurs niveaux de lecture et de compréhension : l'individuel, le social et le culturel. Aussi, avais-je posé comme heuristique la double fonction de l'intelligence dans son investigation des mythologies du social à l'œuvre dans les groupes sociaux se réclamant de cette symbolique initiatique soit du magma ou des matrices de significations et comme lieu de réalisation de ces significations.

Constatant que nous sommes entrés dans une zone intense de remythifications nous avons vu s'étager, dans nos sociétés, les trois niveaux de fonctionnement qu'elles empruntent à la catégorie mythique :

– L'idéologie prométhéenne, dont pédagogie du projet, management, fut-il des connaissances (son dernier avatar) et technostructure sont les manifestations les plus sensibles. Je l'ai approchée dans une lecture éclairée des symbolismes constructeurs.

– Face à la spectacularisation d'un monde icarien soumis à l'éclairement et à la prolifération des signes, où Gilbert Durand voit la mainmise des pouvoirs médiatiques, le Graal comme matrice de significations « en creux », prises elles-mêmes dans une constellation imaginale m'a révélé, comme antidote, sa puissance mythogénétique.

– Le retour d'Hermès dont je participe ici et dont rendent compte mes travaux, depuis plus de trente ans. C'est notamment le bénéfice que j'ai tiré de mes enquêtes de terrain dans plusieurs champs culturels et religieux, spirituel et métaphysique, tel dans le champ éducatif lorsqu'il adopte la logique du tiers inclus.

On comprendra que, du point de vue développé ici, l'anthropologie symbolique tente la réinsertion cosmique de l'homme, est le modèle inverse d'une visée réductrice et réifiante, celle qui ne passerait que par les catégories plates de l'organisation, même revisitées dans la mode très spatialisante des réseaux, laquelle sert souvent de leurre masquant l'institué de systèmes qui tendent à se rigidifier.

L'Imaginaire social s'étaye sur le donné naturel institué qui s'offre à lui, la société. Il le reçoit mais pour l'altérer, le transformer, rassembler, au sein du magma, de la matrice, des significations sociales qu'il puise en tentant l'institution de la société. Face à un imaginaire social moderniste leurrant *« qui n'a pas de chair propre et emprunte sa substance à un moment du rationnel qu'il transforme en pseudo-rationnel »* (Castoriadis), il y a place pour une instance de compréhension de ces réactualisations d'un rationnel plus imaginaire que l'imaginaire et pour une intervention plus en profondeur et dynamique. C'est une des fonctions principales du mythe, dans son ambiguïté, que de permettre ce décentrement quand on y boit à la manière d'un Pantagruel (*l'altéré du Tout Graal*) poursuivant sa quête de la Dive Bouteille, source de quintessence et de "*gai savoir*".

Une socio-anthropologie ésotérologique se doit d'être fondée sur l'implication profonde, à la fois transférentielle et contre-transférentielle de plusieurs inconscients qui dialoguent entre eux, l'individuel, le groupal, le social, le culturel, soit l'Imaginaire. Ce faisant, elle expérimente "*une réalité qui déborde le réel freudien et le dilate pour ainsi dire à l'infini*" (Laplantine), dans la lutte sans cesse renouvelée entre l'Universel et le Particulier. J'aurai même l'outrecuidance d'écrire qu'elle combat pour le bonheur...

Elle justifie d'une mise en perspective, au regard des réalités rencontrées, de l'ensemble des sciences humaines ou anthropo-sociales. Marcel Mauss, définissant l'anthropologie, ne voulait pas séparer l'étude de l'ethnologie de celle de la sociologie, il les liait également à celle de la psychologie. Car, écrivait-il, "*la sociologie comme la psychologie humaine, est une partie de cette partie de la biologie qu'est l'anthropologie, c'est-à-dire le total des sciences qui considèrent l'homme comme être vivant, conscient et sociable*", ouvrant ainsi les voies à une recherche à la fois compréhensive et fondée sur la reconnaissance de l'hétérogène social.

Les images symboliques que nous avons approchées sont « *des faits sociaux totaux* » qui mettent en branle la totalité de la société et ses institutions, du Moyen Âge à nos jours. Ils font à nouveau sens dans un contexte moderne ou surmoderne, et nous voyons à quel point l'émergence mythique est liée aux ruptures des modalités de l'être-ensemble. « *La Modernité*, écrivait Georges Balandier, *semble abolir l'Imaginaire, à tout le moins, elle en bouleverse les paysages* ». Et Régis Debray indique : « *nos circonscriptions flottent, l'appétence à l'inscription grandit. Il y a un rapport nécessaire entre l'effacement des méridiens et la remontée des mythes d'origine* »

Cette configuration spatiale de la Modernité, ce cadastrage du réel, partout omniprésent, interroge les catégories qui fondent cette modernité, dont les ruptures précisément me paraissent, – et les exemples étudiés ici m'ont conforté dans ce sens –, contribuer à une révision de la catégorie de l'inscription spatiale comme support de la recherche, des avancées des technosciences, dans leur subordination au paradigme de l'appropriation, de l'institutionnalisation d'un monde profondément instrumentalisé, régi par un imaginaire aménageur.

Ceci entraîne nécessairement, par une sorte de retour des choses, entendu ici au sens de récurrence, à une remise au jour, une éruption en tant que signification imaginaire sociale, des catégories de la temporalité, non pas d'une historicité totalitaire asservie aux figures hallucinées d'un devenir hypostasié, mais aux formes euphémisées du mythe qui est le lieu de leur intégration, dans une démarche à la fois progressive (et non progressiste) et récurrente (et non réactionnaire).

Autrement dit, et Herbert Marcuse avait déjà posé cette question, science et technoscience ayant remis en question l'idée radicale de l'Humanisme, l'exclusion d'une autre alternative que celle du travail, n'ont-elles pas contribué à fermer une société ? Et la capacité du mythe à être animé par l'imagination ne restitue-t-elle pas les possibilités d'un humanisme libérateur, lorsque nous avons dépassé les consciences fausses du progrès et de la prospérité ?

Si des formes très contemporaines de réactualisation mythologique prolifèrent dans nos vies, c'est moins par mode que parce qu'ils activent la mise au jour de cette dialectique sacré-profane dont nous savons que l'un cache toujours l'autre. Il appartient, après cette reconnaissance, d'en accepter les modalités et d'en assumer les aventures qu'elles proposent désormais en des lieux sûrs et sacrés, c'est la voie que j'ai choisie, en toute connaissance jusque dans mes engagements corporels (et le rite écossais nous y engage fortement) et dans la réflexivité suscitée car « *de part sa nature singulière, le corps questionne d'emblée la place de son observateur. Penser le corps c'est donc penser l'ombre, l'insaisissable, c'est assumer la part d'inaccessible qui nous habite, affirmation d'autant plus troublante que le corps est précisément ce que nous voyons de nous* », position critique, *vis-à-vis de la séparation réalisée aux XIVe et XVIIe siècles entre le corps et l'esprit, entre l'homme et le cosmos* (Humeau, 2004).

Dans ces confrontations aux métiers et aux œuvres, la rencontre des formes-figures de l'Imaginaire social m'a conduit inexorablement au mythe, à cette part de notre aventure culturelle et sociale qui se trouve délimitée par les dieux.

"Connais-toi toi même et tu connaîtras l'Univers et les Dieux", disait le philosophe.

Au terme de cette restitution de mon parcours, je serais tenté à la lumière de cet itinéraire, d'écrire : *"Connais l'univers et les dieux qui t'entourent et tu te connaîtras toi-même"* tant les formations symboliques rencontrées procèdent autant d'une sociogenèse que d'une psychogenèse. De fait, elles se sont transmutées pour moi en anthropogenèse.

Mais n'est-ce pas le propre de tout parcours initiatique que ce cheminement qui vous amène à connaître le monde non pour l'utiliser, mais pour y tenir son rôle ?

Georges Bertin,
Angers, Samain 2004.
Lugnasad, 2005.

Bibliographie consultée

Albert le Grand, *Le composé des composés*, vers 1276, consulté sur Internet, http://hdelboy.club.fr/compose.htm.

Alleau René, *La science des symboles*, Paris, Payot, 1982

Ambelain Robert, *Les traditions celtiques,* Paris, Dangles, 1977.

Anonyme, *Lancelot en prose* ou *Corpus Lancelot -Graal*, 1125, 8000 pages traduction d'Alexandre Micha, Genève, Droz, 1974.

Apocalypse de Saint Jean, La Bible de Jérusalem, Desclée de Brouwer, 1955.

Ardoino Jacques, Préface à Tarrab, *Mythes et symboles en dynamique degroupe*, Bordas, 1974

Ardoino Jacques, *Education et politique,* Paris, Gauthier Villars, 1977.

Arendt Hannah, *La crise de la culture*, Gallimard, 1972.

Aristote, *Ethique à Nicomaque*, Clasiques Garnier, 1965

Attali Jacques, *La vie éternelle,* Fayard, 1998.

Bachelard Gaston, *La psychanalyse du feu,* Paris, Gallimard, 1949.

Balandier Georges, *Le détour,* Pouvoir et Modernité, Fayard, 1985.

Barat Michel, *La recherche de la vérité,* Paris, Dervy, 2002.

Barbier René, *L'Approche transversale, l'écoute sensible en sciences humaines,* Paris, Anthropos, Economica, 1997.

Barel Yves, *La Quête du sens,* Paris, Le Seuil, 1987.

Barthes Roland, *Mythologies,* Paris, Le Seuil, 1957.

Bastide Roger, Anthropologie structurale in *Roger Bastide, Claude Levi-Strauss, du principe de coupure aux court-circuits de la pensée,* Caen, Bastidiana, 7-8, 1994.

Bastide Roger, *Le sacré sauvage et autres essais,* Paris, Payot, 1975.

Bastide Roger, *Les religions afro-brésiliennes, contribution à une sociologie des interpénétrations des civilisations,* Université de Paris. 1958. Thèse de doctorat/Lettres.

Bataille Georges, *L'érotisme,* Paris, Minuit, 1957.

Bayard Jean-Pierre, *Grande encyclopédie maçonnique des symboles,* Edimaf/Cêtre, 2002.

Bayard Jean-Pierre, *Trente trois, histoire des degrés du rite écossais ancien et accepté en France,* Paris, éd. Ivoire Clair, 2004, p. 247.

Benoît Pierre, *Montsalvat,* Paris, Albin Michel, 1947.

Berling Peter, *Les enfants du Graal,* Le Livre de Poche, tomes 1 à 6, 1993-97.

Berthelot Jean-Michel, *L'intelligence du social*, Paris, PUF, 1990.

Berthelot Marcelin, *écrits des alchimistes grecs*, inédit, 1886, BNF.

Bertin Georges et collaborateurs : *La légende arthurienne et la Normandie*, Collectif dirigé par Jean Charles Payen, Condé sur Noireau, Corlet, 1983.

Bertin Georges, *Guide des chevaliers de la Table Ronde en Normandie*, Corlet, Condé sur Noireau, 1990

Bertin Georges et Gaignebet Claude et Léon, Le Bossé MV. *Promenades Littéraires avec Lancelot du Lac*, Corlet, 1992.

Bertin Georges. *Figures de la Femme et visages du temps, dans le Conte du Graal de Chrétien*, Colloque Perceval, Bagnoles de l'Orne, CENA, 1994

Bertin Georges, *La Quête du saint Graal et l'Imaginaire,* Corlet, 1997.

Bertin Georges. et Rousseau M-Cl. (dir), *Pentecôte, de l'intime au social,* Laval, Siloë, 1998.

Bertin Georges, Le héros saurochtone et la légende arthurienne in *Utopies du lieu commun*, cahiers internationaux du symbolisme, Université de Mons Hainaut, 2000.

Bertin Georges et Verdier Paul, *Druides, les maîtres du temps,* Paris, Dervy, 2003.

Bertin Georges. *Wilhelm Reich, un imaginaire de la pulsation*, Presses Universitaires de Laval, 2005.

Boulenger Jean, Les Romans de la Table Ronde, t 3, Paris, UGE, 1971.

Brach Jean-Pierre, *Symbolisme des nombres in dictionnaire critique*...op. cit.

Brengues Jacques, *La Franc Maçonnerie du bois*, Paris, La Maisnie Trédaniel, 1991.

Breton André. *Oeuvres complètes,* Paris, Gallimard, *La Pleiade,* 1985.

Bril Jacques, *Symbolisme et civilisation, essai sur l'efficacité anthropologique de l'Imaginaire*. Thèse de doctorat, Université de Grenoble 2, Paris, Champion, 1977.

Brisson Luc et Meyerstein F W *Inventer l'Univers*, L'Ane d'Or, Les Belles Lettres, 1991.

Brohm Jean-Marie, Une galaxie anthropologique, *Quel corps ?* N° 38-39, octobre 1989.

Brown Dan, *Da Vinci code*, Paris, JC Lattés, 2004.

Castoriadis C. *L'institution imaginaire de la société,* Paris, Le Seuil, 1975.

Castoriadis Cornélius, *Ce qui fait la Grèce, 1– d'Homère à Héraclite*. Paris, Le Seuil, 2004.

Cazenave Michel, *Encyclopédie des symboles*, Paris, Livre de Poche, 2003.

Charvet L. *Des vaus d'Avalon à la Queste du Graal*, Paris, Librairie José Corti, 1967.

Chevalier J. et Gheerbrandt A. *Dictionnaire des symboles*, Paris, Seghers, 1973.

Chrétien de Troyes, *Ouvres complètes*, Paris, Gallimard La Pleiade, 1994.

Collectif, Deux siècles de rite écossais ancien accepté en France, 1804-2004, Dervy, 2004.

Corbin Henri, *En islam iranien,* Paris, Gallimard, 1971.

Corbin Henri, *Avicenne et le récit visionnaire,* Paris, Berg, 1979.

Dannagh Hervé, *L'influence de saint Jean dans la Franc Maçonnerie,* Dervy, 1999.

Deleuze Gilles et Guattari Félix, *Qu'est-ce que la philosophie ?,* Paris, Minuit, 1991.

Detienne Marcel, *L'invention de la mythologie,* Paris, Gallimard, 1981.

Dictionnaire critique de l'ésotérisme, collectif sous la direction de Jean Servier, Paris, PUF, 1998.

Drewermann Eugen, *Le Mal,* Paris, Desclée de Brouwer, 1995, p. 418.

Dubost F. Aspects fantastiques de la Littérature médiévale, (XIIème-XIIIème siècle), in *L'Autre, l'Ailleurs, l'Autrefois,* Paris, Nouvelle Bibliothèque médiévale, Champion, 1991, 2vol, 1057 p.

Dumézil Georges, Mythe et Epopée I, Paris, Gallimard, 5ème édition, 1986.

Durand Gilbert, *L'imagination symbolique,* Paris, PUF-Quadrige, 1963

Durand Gilbert, *Les structures anthropologiques de l'Imaginaire,* Paris, Dunod, 1979.

Durand Gilbert, *Figures mythiques et visages de l'œuvre,* Paris, Berg, 1979.

Durand Gilbert, *La Foi du Cordonnier,* Paris, Denoël, 1984.

Durand Gilbert, *Beaux Arts et Archètypes,* Paris, PUF, 1989.

Durand Gilbert, *Introduction à la mythodologie,* Paris, Albin Michel, 1996.

Durand Gilbert, *Champs de l'imaginaire,* Grenoble, Ellug, 1996.

Durand Gilbert, *Les mythes fondateurs de la Franc Maçonnerie,* Paris, Dervy, 2002.

Durkheim Emile, *Les formes élémentares de la vie religieuse,* Paris, PUF, 1990.

Ecco Umberto, *Le pendule de Foucault,* Paris, Grasset, 1988.

Eckarstausen (Karl Von). Dieu est l'Amour le plus Pur. Traduit de l'Allemand. Vienne, Thad. Noble de Schmidbauer et Compagnie. in-16. 1f. 237 pp. 1f.

Elahi Barham, *L'étincelle de l'âme,* Albin Michel, 1998.

Eliade Mircea, *Forgerons et alchimistes,* Flammarion, 1954.

Etienne Bruno, *L'initiation,* Paris, Dervy, 2002.

Evangile selon saint Jean, La Bible de Jérusalem, Desclée de Brouwer, 1955.

Evangile selon Saint Luc, La Bible de Jérusalem, Desclée de Brouwer, 1955.

Evangile selon saint Matthieu, La Bible de Jérusalem, Desclée de Brouwer, 1955.

Evangile selon Saint Matthieu, La Bible de Jérusalem, Desclée de Brouwer, 1955.

Faivre Antoine, *Accès à l'ésotérisme occidental,* Gallimard, 1986.

Flûtre Louis-Ferdinand, *Table des noms propres dans les romans du Moyen-Age*, CESCM, Poitiers, 1962.

Foucault Michel, *L'ordre du discours*, Paris, Gallimard, 1992.

Gallais Pierre, *La Fée à la fontaine et à l'Arbre, un archétype du conte merveilleux et courtois*, Amsterdam, 1992.

Grandsaignes d'Hauterive R.: *dictionnaire d'Ancien français*, Paris, Larousse, 1947.

Griaule Marcel, *Dieux d'Eau,* Paris, Livre de Poche, 1961.

Guénon René *Lettre à Noelle Denis-Boulet*, 13 09 1917, inédit, collection privée GB.

Guénon René, *Aperçus sur l'initiation,* Paris, Editions traditionnelles 2000, réed.

Guénon René, *Formes traditionnelles et cycles cosmiques*, Paris, Gallimard, 1970.

Guyonwarc'h Christian,. *Les druides*, Rennes, Ouest-France-Université, 1986

Hau Claude, *Le Messie de l'an XIII,* Paris, Denoël, 1955.

Hermès Trismésgiste : La Table d'Emeraude et sa tradition alchimique, coll. Aux Sources de la Tradition, Les Belles Lettres, Paris, 1995.

Hersart de La Villemarqué, *Barzaz-Breiz, Chants populaires de la Bretagne*, Librairie académique Perrin, Paris, 1963.

Hollier Denis, *Le collège de sociologie*, Paris, Idées Gallimard, 1979.

Humeau Magali. *Les intrications entre corps et connaissance à travers trois approches théoriques de l'imaginaire.* in Magma – vol.2 n.3 luglio, settembre 2004.

Jung Carl Gustav, *Métamorphoses de l'âme et ses symboles*, Genève, Georg, 1953.

Jung Carl Gustav, *L'homme à la découverte de son âme*, Paris, Payot, 1966.

Jung Carl Gustav. *Aïon, études sur la phénoménologie du soi*, Paris, Albin Michel, 1981.

Jung Carl Gustav. *Métamorphoses de l'âme et ses symboles*, Genève, Georg et Cie, 1983.

Jung Carl Gustav, *Un Mythe moderne,* Paris Gallimard/Folio, 1985.

Jung Carl Gustav. *Essai d'exploration de l'inconscient*, Paris, Denoël, Folio/essais, 2003.

Jung Emma et Von Franz Marie Louise, *La légende du Graal*, Albin Michel, 1983.

Laborit Henri, *Biologie et structure,* Paris, Gallimard, 1968.

Laborit Henri, *L'Homme imaginant*, UGE, 1970.

Lancelot I Livre de Poche, Bibliothèque médiévale, 1994, p.409.

Le Bossé Michel Vitrof, *Sur la route des Templiers en Normandie*, Curlet, 1979.

Le livre de la sagesse pythagoricienne, Dorbon Ainé, 1938, p. 17

Le Saint-Graal ou le Joseph d'Arimathie, 1ère branche des romans de la Table Ronde, publié par Eugène Hucher, Le Mans, Monnoyer, 1875.

Le Scouezec Gwench'lan, *Arthur, roi des Bretons d'Armorique,* éditions Le Manoir du tertre, 1998.

Lerbet Georges, *Dans le tragique du monde*, Paris, Edimaf/Essentiels, 2002.

Les Romans de la Table ronde, éd Boulenger, Paris, UGE, 1971.

Les Romans de la Table Ronde, éd. J Boulenger, Plon, 1941.

Lévy-Bruhl Lucien, *Essai sur la mentalité primitive*, Paris, PUF, 1922.

Loomis Roger Sherman, *The Grail. From Celtic Myth to Christian symbol*, Cardiff, New York, 1964.

Lot Ferdinand. *Étude sur le Lancelot en prose*, Paris Champion, 1918.

Lot-Borodine Myrrha, *Le conte del Graal de Chrétien de Troyes et sa représentation symbolique* in Romania 77,1956).

Lozac'hmeur Jean-Claude et Ovazza Maud, *Origines celtiques et indo-européennes de la légende du Graal,* Cermeil, Narbonne, 1985.

Lupasco Stéphane. *L'Univers psychique*, Paris, Denoël, 1979.

Maffesoli Michel, *La Conquête du présent*, Desclée de Brouwer, 1998.

Maffesoli Michel, *Au creux des apparences, éthique de l'esthétique*, Livre de poche, 1993.

Maffesoli Michel, *L'instant éternel, le retour du tragique dans les sociétés post modernes*, Paris, Denoël, 2000.

Maffesoli Michel, *L'Instant éternel, le retour du tragique dans les sociétés post-modernes*, Paris, Denoël, 2000.

Maffesoli Michel, *Le voyage ou la conquête des mondes*, Dervy, 2003.

Mainguy Irène, *Symbolique des grades de perfection et des ordres de sagesse*, Paris, Dervy, 2003.

Maître Eckhart, *Sermons*, Garnier-Flammarion, 1993.

Marcotoune Serge, *La Science secrète des initiés et la pratique de la vie,* Paris, Champion, 1955,

Marcuse Herbert, *Éros et civilisation,* Paris, éd. de Minuit, 1963.

Marcuse Herbert, *Sommes-nous déjà des hommes?* In Quel Corps ? N° 7, Mars 1977.

Mauss Marcel, in *Sociologie et Anthropologie*, Paris, PUF-Quadrige, 1985.

Maxence Jean-Luc, *Jung est l'avenir de la Franc-Maçonnerie*, Paris, Dervy, 2004.

Mazières Jean-Paul, Apocalypse, *Dictionnaire critique de l'ésotérisme*, PUF, 1998.

Mead G.R.S. *Thrice Great Hermes: Studies in Hellenistic Theosophy and Gnosis*, Volume II, London: Theosophical Publishing Society, 1906.

Michel Michel, Les figures eschatologiques dans la publicité, in *Politica Hermetica*, N° 8, 1994.

Montloin P. et Bayard JP., *Les Rose-Croix ou le complot des sages*, Paris, CAL, 1971.

Moreaux-Carré Sophie, *La Philosophie de l'Imaginaire chez Carl Gustav Jung,* thèse de doctorat sous la direction de René Daval, Université de Reims Champagne-Ardennes.

Mounier E. La constance du moi, in Œuvres, Paris, Le Seuil. 1961.

Mounier Emmanuel, *Le personnalisme*, in Œuvres complètes Paris, Le Seuil, 1949, t.3.

Négrier Patrick, *L'Éclectisme maçonnique*, éd Ivoire Clair, Paris, 2003.

Odier Daniel et Smedt (de) Marc, *Essais sur les mystiques orientales,* Paris, Albin Michel, 1984.

Ottenheimer G. et Lecadre R. *Les Frères invisibles,* Albin Michel, 2001,

Otto Rudolf, *Le Sacré*, Paris, Payot, 1969.

Ovide, *Les Métamorphoses,* consulté sur internet, Gallica/Bnf.fr

Payen J-C, *La rose et l'utopie*, Paris, éditions sociales, 1973.

Pernoud Régine, *Aliénor d'Aquitaine*, 1972.

Pierre Prévost rencontre Georges Bataille, éd JM Place, 1987.

Pinchard Bruno, *Méditations mythologiques,* Paris, les empêcheurs de penser en rond, Le Seuil, 2002.

Platon, *Nomoi,* Librairie Guillaume Budé, 1947.

Ponsoye P. *L'Islam et le Graal*, Paris, 1957.

Prévost André, *L'Utopie de Thomas More*, Paris, Mame, 1978.

Rabelais François, *Œuvres complètes,* Paris, Le Seuil, 1973.

Rahn Otto, *Croisade contre le Graal,* Pardes 05/1999 et *La cour de Lucifer, XXX,* Pardes, 04/1999

Reich Wilhelm, *La fonction de l'orgasme*, Paris, L'Arche, 1970.

Reich Wilhelm, *La psychologie de masse du fascisme*, Payot, 1972.

Reich Wilhelm, *L'éther, Dieu, et le diable,* Paris, Payot, 1973.

Reich Wilhelm, *Superposition cosmique*, Paris, Payot, 1974.

Reich Wilhelm, *Les Hommes dans l'État,* Paris, Payot, 1978.

Reich Wilhelm, *La Révolution sexuelle,* Paris, Christian Bourgois, 1982.

Rialle (de) Gérard, *La Mythologie comparée,* Paris, Reinwald et Cie, 1878.

Ribard Jacques, *Du Philtre au Graal,* Paris, Champion, 1989.

Ricœur Paul, *Le Conflit des interprétations*, Le Seuil, Paris, 1975.

Roché Déodat, in Septième congrès de la société d'Etudes cathares, *Cahiers d'études cathares*, n°20.

Roquebert Michel, *Les Cathares et le Graal*, Toulouse, Privat, 1994.

Saint Paul, *Épître aux Éphésiens,* La Bible de Jérusalem, Desclée de Brouwer, 1955.

Saint-John Perse, *Œuvres complètes*, Gallimard, La Pléiade, 1972.

Schuré Edouard, *Les grands initiés*, Paris, Perrin, 1960, p.404.

Servier Jean, Avant-propos au *Dictionnaire critique de l'ésotérisme*, Paris, PUF, 1998.

Sorval (de) Gérard, les sept chevaliers dans la Quête du Saint-Graal, in *Les Étapes de l'évolution spirituelle*, Villard de Honnecourt, n° 4, 1982.

Swedenborg Emmanuel, *Arcana caelestia*, Londres, 1749-1756, 8 vol., in-4.

Tao te King, Albin Michel, 1984.

Tolkien JRR, *Le Seigneur des anneaux*, Paris, Christian Bourgois, 1972.

Vogade François, *Vézelay, symbolisme et ésotérisme*, Guillaudot, 1998.

Wise Michael, Abegg Martin Jr, Cook Edward, *Les Manuscrits de la mer Morte*, Paris, Perrin, 2003.

Wunenburger Jean-Jacques, *Le Sacré,* PUF / QSJ, 2001.

Wunenburger Jean-Jacques, Pour une subversion épistémologique in *Galaxie de l'Imaginaire*, Berg, 1980.

Wunenburger Jean-Jacques, *Philosophie des images,* Paris, PUF, 1997.

Wunenburger Jean-Jacques, *La Vie des images*, Grenoble, PUG, 2002.

Zimmer Bradley Marion. *Les Dames du Lac et les Brumes d'Avalon*, Paris, Pygmalion, 1982 et 1984.

Table des matières

LIVRE 1 : L'EXPÉRIENCE DU GRAAL 7

Un itinéraire : jalons pour une expérience graalique . . 9
    Le scoutisme 13
    L'éducation populaire 15
    L'Université 16

Une quête arthurienne aux marches de Gaule
et de petite Bretagne. 31
    Orient – Origine 36
    Le vase d'élection 39
    Et le précieux sang. 41
    Actualité 42
    Le Graal et la pierre. 43

Figures mythologiques de la quête initiatique. 47
    Lancelot du Lac et l'initiation chevaleresque :

    le héros ascensionnel. 47
    L'ombre propice : l'ermite et la forêt dans
    le roman arthurien. 50

Le héros tiers : Sagremor le Desreés, ou du bon usage de la transgression. 56

Livre 2 : L'ART ROYAL ET LA PIERRE. 61

    La marge : abandonner ses métaux 63
    La pierre et le temple. 72
    Le renoncement, ascèse et chemins de vie 80

L'initiation : s'initier et être initié, une exigence d'individuation. 89
    La Voie symbolique et les Mots pour La dire 90
    Initiation et société 98
    Une exigence d'individuation 101
    Le rite écossais ancien et accepté 102
    L'expérience du Sacré et la Lumière 105

L'Éducation, construire hors les murs 113
    La règle 114
    Éduquer les hommes 120
    Fonction éducative du symbole et du mythe 121
    Efficacité symbolique. 123

Le château aventureux : les loges de Saint-Jean 127
    La Saint-Jean d'hiver 128

La Saint-Jean d'été 133
Un troisième Jean ? 138
Ésotérisme de l'Apocalypse 142
Graal et Écossisme. 155

LIVRE 3 : UNE ANTHROPOLOGIE RENOUVELÉE . . 163

Wilhelm Reich et l'énergie universelle 165
Carl Gustav Jung. 179
Gilbert Durand : le trajet anthropologique 193
Écrire pour faire trace. 205

Bibliographie consultée 217

Achevé d'imprimer en juin 2006
sur les presses de la Nouvelle Imprimerie Laballery
58500 Clamecy
Dépôt légal : juin 2006
Numéro d'impression : 605225

Imprimé en France